ANDRÉ DUEK

POTÊNCIA
EMPREENDEDORA

Crie uma estratégia eficiente, desenvolva uma tática inteligente e gere altos resultados na sua carreira e nos seus negócios

Diretora
Rosely Boschini
Gerente Editorial Sênior
Rosângela de Araujo Pinheiro Barbosa
Editora Júnior
Rafaella Carrilho
Assistente Editorial
Fernanda Costa
Produção Gráfica
Fábio Esteves
Preparação
Gleice Couto
Capa, Projeto Gráfico e Diagramação
Vanessa Lima
Foto de capa
Gabba Visuals
Revisão
Wélida Muniz e Giovanna Petrólio
Impressão
Gráfica Assahi

Copyright © 2023 by André Duek
Todos os direitos desta edição
são reservados à Editora Gente.
Rua Natingui, 379 – Vila Madalena
São Paulo, SP – CEP 05443-000
Telefone: (11) 3670-2500
Site: www.editoragente.com.br
E-mail: gente@editoragente.com.br

Dados Internacionais de Catálogo na Publicação (CIP)
Angélica Ilacqua CRB-8/7057

Duek, André
   Potência empreendedora : crie uma estratégia eficiente, desenvolva uma tática inteligente e gere altos resultados na sua carreira e nos seus negócios / André Duek. – São Paulo : Editora Gente, 2023.
   224 p.

ISBN 978-65-5544-361-5

1. Desenvolvimento profissional 2. Negócios 3. Empreendedorismo I. Título

23-3805   CDD 658.3

Índice para catálogo sistemático:
1. Desenvolvimento profissional

CARO(A) LEITOR(A),
Queremos saber sua opinião sobre nossos livros.
Após a leitura, siga-nos no **linkedin.com/company/editora-gente**,
no **TikTok @editoragente** e no **Instagram @editoragente**
e visite-nos no site **www.editoragente.com.br**.
Cadastre-se e contribua com sugestões, críticas ou elogios.

NOTA DA PUBLISHER

Empreender é uma jornada gratificante, mas também repleta de incertezas, obstáculos e dilemas difíceis de superar. Todos os dias, é preciso encarar o desafio de tomar decisões importantes que podem ter um impacto significativo no futuro do negócio. Assim, é compreensível que, em meio a tantos desafios, surja uma sensação de sobrecarga e dúvida sobre qual caminho seguir. Em um cenário como esse, o desânimo e a pressão para alcançar o sucesso podem tomar conta, e a responsabilidade de liderar pesa nos ombros.

A boa notícia é que, entre tantas dificuldades, você tem um material precioso em mãos. Aqui, em **Potência empreendedora**, André Duek, um empreendedor com mais de trinta e cinco anos de experiência, compartilha toda a sua sabedoria e diversos insights valiosos para alavancar, de uma vez por todas, o seu potencial no mundo dos negócios.

Nas páginas deste livro, você aprenderá como estruturar estratégias eficientes, empreender do zero de maneira enxuta, superar obstáculos e levar seus empreendimentos a outro patamar. Aliando estratégia, tática e execução, André apresenta, em linguagem clara e acessível, as ferramentas necessárias para aumentar suas chances de acerto e transformar suas melhores ideias em uma nova realidade. Vire a página e comece agora a trabalhar todo o seu potencial!

ROSELY BOSCHINI – CEO e Publisher da Editora Gente

DEDICATÓRIA

Dedico este livro para a minha amada mãe, que nos deixou recentemente. Dona Fortuna, você foi a minha maior incentivadora e tinha me pedido para escrever um livro compartilhando as minhas experiências, para ajudar as pessoas a irem do zero a bem-sucedidas, profissional e pessoalmente. Aqui está: missão cumprida!

Mãe, você também foi a maior mentora da minha carreira, mesmo sem ter completado a sua formação acadêmica, me ensinando lições importantes sobre persistência, foco, organização, planejamento, paciência, pensamento de longo prazo e sobre sempre investir nos nossos sonhos.

Dedico esta obra ainda aos meus saudosos pai, Wilson, e irmão, Alexandre, que nos deixaram tão cedo. Vocês foram grandes exemplos de bondade, de alegria e de como cuidar das pessoas próximas.

A todas as pessoas boas com quem convivi nestes meus cinquenta anos de vida e trinta e seis de carreira: vocês merecem um agradecimento especial por terem acreditado, torcido por mim, me aconselhado e curtido esta missão comigo.

Agradeço primeiramente à minha amada família, que é a base do meu sucesso. Vocês sempre me apoiaram nas loucuras e nos riscos que tive que correr para sair do zero. Obrigado, tias, tios, primos, primas, irmãos, sobrinhos, sogro, cunhadas e meus saudosos avós: vocês me ensinaram muito.

À minha esposa, Andréa: você cuidou com maestria do nosso maior patrimônio, as nossas meninas, Pietra e Sofia, que são a minha razão de viver. Ao meu enteado, Bruno: você me deu a oportunidade de ser pai.

Ao meu irmão Anselmo: você cuidou da nossa mãe como ninguém.

Aos meus amigos da Vila Califórnia e da Mooca, bairros da Zona Leste de São Paulo: apesar das condições adversas, conseguimos nos manter unidos e ajudando uns aos outros, mesmo com poucas perspectivas na época. Também aos amigos que fiz em Arujá, São Paulo, logo que eu e a Andréa nos casamos. E aos novos amigos de Miami, Orlando e Boca Raton: obrigado por me incentivarem a me reinventar neste desafio americano.

Aos meus pares e colaboradores no Grupo Forum-Triton: vocês sempre estiveram ao meu lado na longa carreira executiva durante vinte e um anos, de office boy a CEO, minha maior escola.

Ao Lar das Crianças, da Congregação Israelita Paulista, por me acolherem no internato quando eu tinha apenas 8 anos. Muito do que faço hoje aprendi com vocês na colônia judaica.

Aos meus queridos sócios e ex-sócios, que continuam sendo meus amigos, sempre confiaram em mim, me deram liberdade para criar novos modelos de negócios: eu não chegaria até aqui sem vocês, Carolina Lara Arashiro, Flávio Carvalho, Vicente Siciliano Jr., Altair Pedra, Marco Fonseca, o saudoso Celso Purê, meu tio Tufi e meus primos Carina e Marcos.

Aos meus fiéis amigos, que sempre me colocaram para cima, mesmo quando eu não sabia do meu potencial: valeu demais, Michael Montgomery, Carlos André Montenegro, Eduardo Haberfeld, Sandro Endler,

AGRADECIMENTOS

Alberto Serrentino, Junior Cigano, rabino Dovi Begun, Marc Tawil, Camila Salek, Ricardo Basaglia, Alexandre Zolko, Alberto Rotstein e Kiko Amorim.

Aos mestres que me ensinaram a arte do pôquer, um esporte mental que me ajuda muito no dia a dia dos negócios: valeu, André Akkari e Rafael Reis.

Aos americanos do mercado imobiliário que acreditaram no nosso potencial, Seth Kaufmann, Mayi e Daniel de la Vega. E aos nossos parceiros que nos ajudam a evoluir nos Estados Unidos, Julio Silva, Marili Cancio, Renata Fonseca e Julia Queiroz.

A toda comunidade do automobilismo, que contribuiu com a minha formação para ser um profissional competitivo. Agradeço em especial aos pilotos Helio Castroneves, Tony Kanaan, Rubens Barrichello, Felipe Massa, Antonio Pizzonia, Bia Figueiredo, Bruno Junqueira, Ricardo Zonta, Enrique Bernoldi, Felipe Nasr, Raul Boesel, Gil de Ferran, Roberto Pupo Moreno, Ricardo Mauricio, Giuliano Losacco, Cacá Bueno, Felipe Fraga, Oswaldo Negri Jr., Luiz Razia, Gianluca Petecof, Fabio Orsolon, Rafael Matos, Vitor Meira, Alex Bachega, Hoover Orsi, Flavio Venancio, Luciano Burti, Max Wilson, Claudio Sabiá Dantas, Ingo Hoffmann, David Muffato, Ruben Carrapatoso, Gastão Fráguas, e às famílias Paludo, Visconde, Fittipaldi, Giaffone, Serra, Marques, Gomes e Leist. Agradeço também aos meus companheiros de equipe, Luciano Zangirolami e o saudoso Sérgio Ruas.

Aos colegas da imprensa esportiva e promotores de eventos, por terem aberto as portas das transmissões na TV, rádio e streaming: obrigado, Luiz Carlos Largo, Celso Miranda, Luc Monteiro, Fábio Seixas, Cesar Augusto Gomes, Fernando Julianelli, Dener Pires, Camila Maluf, o saudoso Walter Derani, Antonio Hermann, Oscar Ulisses, Ivan Zimmermann, Sergio Patrick, Lito Cavalcanti, Conrado Navarro, Rodrigo Mattar, Jackson Lincoln, Lombardi Jr. e Conka Giulietti. Agradeço ainda aos veículos de comunicação do automobilismo que me projetaram para um novo mundo: ESPN, BandSports, Rádio e TV Bandeirantes, Rádio Globo-CBN, Speed Channel, Rede TV!, Blog da Indy, Motorsport.com, Nossa Rádio USA e DAZN.

Ao meu *book advisor*, Edu Villela, por extrair o melhor de mim na elaboração desta obra.

E aos meus mentores Isaac, Tufi Duek, José Salibi Neto e João Cordeiro.

10 **APRESENTAÇÃO**

14 **PREFÁCIO**

16 **INTRODUÇÃO**

20 **CAPÍTULO 1:** POTÊNCIA EMPREENDEDORA PARA ALAVANCAR SUA CARREIRA E SEUS NEGÓCIOS

36
BLOCO 1:
PARA VOCÊ QUE DESEJA CHEGAR AO TOPO DA CARREIRA EXECUTIVA

38 **CAPÍTULO 2:** SEJA UM COLABORADOR COM CABEÇA E ATITUDES DE DONO

48 **CAPÍTULO 3:** O QUE É IMPRESCINDÍVEL PARA ALAVANCAR SUA CARREIRA EM GRANDES E MÉDIAS EMPRESAS?

58 **CAPÍTULO 4:** SEM BOA COMUNICAÇÃO E COLABORAÇÃO COM AS PESSOAS, SUA CARREIRA NÃO DESLANCHARÁ

66 **CAPÍTULO 5:** BARBARIDADES QUE PODEM ACABAR COM SUA CARREIRA

74
BLOCO 2:
PARA VOCÊ QUE DESEJA SAIR DA CARREIRA CORPORATIVA PARA EMPREENDER

76 **CAPÍTULO 6:** O QUE LEVAR EM CONTA PARA REALIZAR A SUA TRANSIÇÃO DE COLABORADOR PARA EMPREENDEDOR?

86 **CAPÍTULO 7:** O QUE VOCÊ PRECISA SABER DE PLANEJAMENTO E EXECUÇÃO PARA INICIAR SUA EMPRESA

94 **CAPÍTULO 8:** PARA AUMENTAR BEM AS SUAS CHANCES DE DAR CERTO, COLOQUE SEU NEGÓCIO À PROVA

100 **CAPÍTULO 9:** MARKETING E VENDAS PARA NOVOS EMPREENDEDORES

110 **CAPÍTULO 10:** FAÇA MARKETING NAS REDES SOCIAIS

118 **CAPÍTULO 11:** VALE A PENA TER SÓCIOS?

124 **CAPÍTULO 12:** CRIE SUA EMPRESA COM UM PÉ NO EXTERIOR DESDE O INÍCIO

132 **CAPÍTULO 13:** BARBARIDADES QUE PODEM FAZER SEU NEGÓCIO NÃO DAR CERTO

SUMÁRIO

138
BLOCO 3:
PARA VOCÊ QUE JÁ EMPREENDE E QUER IMPULSIONAR OS RESULTADOS DE SUA EMPRESA

- 140 **CAPÍTULO 14:** PARA INJETAR POTÊNCIA EM SUAS VENDAS
- 150 **CAPÍTULO 15:** COMO INTERNACIONALIZAR SEUS NEGÓCIOS
- 160 **CAPÍTULO 16:** ERROS DE GESTÃO QUE IMPEDEM O SEU CRESCIMENTO

168
BLOCO 4:
PARA LEVAR SEUS NEGÓCIOS AINDA MAIS LONGE

- 170 **CAPÍTULO 17:** CUIDE MUITO BEM DO SEU DINHEIRO E DO DINHEIRO DE SUA EMPRESA
- 178 **CAPÍTULO 18:** O NETWORKING INVOLUNTÁRIO: COMO MELHORAR MUITO A QUALIDADE DE SUAS RELAÇÕES PARA ESCALAR SUA CARREIRA E NEGÓCIOS
- 186 **CAPÍTULO 19:** O SEU BRANDING PESSOAL E O DE SUA EMPRESA PESAM MUITO NO SUCESSO OU NA DESGRAÇA DE SUA COMPANHIA
- 192 **CAPÍTULO 20:** *INNOVATION MADE SIMPLE*: TRAGA A INOVAÇÃO PARA O DIA A DIA DA SUA EMPRESA
- 202 **CAPÍTULO 21:** PARA VOCÊ SER MAIS PRODUTIVO NO DIA A DIA
- 208 **CAPÍTULO 22:** OS FUNDAMENTOS DA ÓTIMA EXECUÇÃO
- 216 **CAPÍTULO 23:** PARA EVITAR PROCESSOS JUDICIAIS

220
CONCLUSÃO

APRESENTAÇÃO

Era abril de 2022 e eu caminhava pela feira de um evento de inovação na Flórida quando encontrei Gustavo Netto, um grande amigo que trabalhava na IBM na época. Ele estava acompanhado de uma pessoa que eu admirava muito, mas que ainda não conhecia pessoalmente: André Duek. Gustavo nos apresentou e retirou-se. Bastaram poucos minutos de conversa com André para aquele encontro informal se transformar em uma miniaula sobre carreira e negócios.

Sou sócio da StartSe, uma escola internacional de negócios que capacita profissionais e empresas para os desafios do mundo atual. Depois de construir, durante cinco anos, a nossa operação no Vale do Silício, Califórnia, me mudei para a Flórida para abrir o nosso negócio na costa leste americana. Foi quando, meses depois daquele primeiro encontro com André, recebi 25 lideranças das maiores empresas do Brasil em um curso de inovação em Miami. Em um dos dias do curso, Gustavo Netto foi o instrutor e, quando ele chegou, tive a feliz surpresa de ver André ao seu lado. Perguntei a ele: "Você se importaria de falar dez minutos com a turma?". Ele aceitou prontamente. Sem discurso preparado, sem slides, sem roteiro, André abriu o coração para compartilhar seu percurso da periferia de São Paulo até os Estados Unidos. Relatou sua trajetória de office boy aos 13 anos até CEO da Forum-Triton, que foi um dos maiores grupos empresariais do Brasil. Da abertura de sua primeira empresa nos EUA até atrair tamanha atenção da ONE Sotheby's International Realty, imobiliária de luxo do mesmo grupo da casa de leilões mais tradicional do mundo, que ela fez uma oferta e comprou a empresa de André.

Obviamente, essa conversa foi muito além dos dez minutos. André tem a potência empreendedora dentro de si. Dificilmente alguém se torna um dos profissionais mais importantes e reconhecidos do seu país, capaz de atuar em diferentes setores, fundar diferentes negócios e obter resultados extraordinários em todos eles, sem uma mentalidade orientada a alta performance e uma forte veia empreendedora. O empreendedorismo vai além do ato de construir um negócio: empreender é uma atitude e, enquanto atitude, aplica-se a tudo na vida. Você pode empreender sendo pai ou mãe, construindo as bases da sua família com afinco e afeto. Você pode empreender sendo funcionário ou funcionária de uma empresa, quando leva a companhia para frente e não o contrário. E você pode empreender a construção de seu próprio negócio. Seja você uma pessoa executiva ou empresária, este livro vai lhe trazer a essência do que precisa para empreender bem.

André e eu construímos uma amizade genuína desde aquele primeiro encontro. Logo percebemos que compartilhávamos valores pessoais e profissionais comuns. Uma das características que admiro em sua carreira, por exemplo, é não ter medo da rota difícil, do caminho sinuoso. Veja: seria muito mais fácil ele continuar no Brasil após a venda do Grupo Forum-Triton. A capacidade que ele teria de atrair sócios, investidores e talentos para construir novos negócios seria enorme visto todo reconhecimento nacional que ele conquistou. Para você ter ideia, essa operação de venda ao grupo AMC Têxtil em 2008 foi a maior do mercado brasileiro de moda até então. Porém, ele optou pela rota difícil, morar em um país onde ninguém o conhecia, que tem um dos mercados mais competitivos do mundo, para construir tudo do zero outra vez. E, de imobiliária à empresa de aluguel de motorhomes, os negócios em solo americano foram de vento em popa assim como os em solo brasileiro.

Outra característica que admiro muito em André é a sua capacidade de colocar projetos à prova rapidamente. Antes da StartSe, fui sócio da XP Investimentos. Trabalhei por cerca de oito anos na construção dessa instituição financeira. Rodei o Brasil para criar a nossa rede de escritórios afiliados em uma época em que pouca gente sabia o que XP significava. Lá, não tínhamos receio de falhar. Tínhamos, sim, receio de não tentar, de voltar para casa com a dúvida se algo daria certo ou não. Por isso, testávamos tudo, fazíamos projetos-piloto e lançávamos versões simples. Afinal, nada é tão preciso quanto o feedback dos clientes. Se um desses projetos não fosse bem avaliado, descartávamos; se fosse, dávamos sequência. E André tem uma capacidade ímpar de fazer isto: aprender por meio da interação com os consumidores, não se apegar ao que **ele** acha melhor, mas sim ao que o **mercado** acha melhor. Reid Hoffman, fundador do LinkedIn, disse certa vez: "Se você não sentir vergonha da primeira versão do seu produto, é porque você o lançou tarde demais".[1] No começo de um projeto, mais importante do que ele estar apresentável, é preciso aprender sobre o que você está construindo: saber do que as pessoas gostam e do não gostam, o que funciona e o que não funciona, o que é necessário manter e o que precisa ser consertado. Colocar suas ideias à prova rapidamente é uma das melhores formas de validar soluções e modelos de negócios. Nessa linha de fazer acontecer, testar, falhar e ajustar, você conhecerá aqui neste livro a metodologia ETO, desenvolvida por André ao longo dos seus quase quarenta anos de carreira.

Por fim, ninguém é uma ilha. Você precisa de muita gente para erguer seus sonhos e transformá-los em realidade. Cercar-se de mentores, de pessoas com experiências complementares às suas, é fundamental para qualquer profissional. Afinal, ao empreender não se constrói uma empresa, constrói-se um time, e o time constrói a empresa. A humildade de saber ouvir, de ter por perto pessoas capazes de arriscar a amizade de vocês para falar as verdades que você precisa ouvir, torna a sua "armadura" mais forte, faz a sua mente se abrir para caminhos e possibilidades até então inimagináveis. O ser humano é a melhor escola, nada nos ensina tanto quanto os nossos pares. Aqui, André dedicou uma sessão inteira para esse tema.

Um livro, caro leitor e cara leitora, é uma possibilidade única de entrar no íntimo das pessoas que tanto admiramos, de entender como elas pensam e de aprender por meio de suas escolhas e experiências. **Potência empreendedora** vai expor você a coisas diferentes. Vai lhe apresentar práticas singulares – dificilmente disponíveis em outras obras – responsáveis por tornar André Duek um dos executivos e empresários mais importantes e reconhecidos do Brasil. Aproveite ao máximo as próximas páginas e uma excelente leitura para você!

MAURICIO BENVENUTTI
é empreendedor, escritor, palestrante e sócio da StartSe, que oferece cursos, eventos e imersões internacionais voltadas para empreendedorismo e inovação.

---

1 HOFFMAN, R. If There Aren't Any Typos in This Essay, We Launched Too Late! **LinkedIn**. Disponível em: https://www.linkedin.com/pulse/arent-any-typos-essay-we-launched-too-late-reid-hoffman. Acesso em: 2 jun. 2023.

PREFÁCIO

A autoria de uma obra diz muito sobre a qualidade de seu conteúdo. André Duek é uma pessoa de caráter e ética sólidos, que sempre conduziu sua carreira e negócios visando gerar valor para as pessoas.

Tendo iniciado sua vida profissional ainda cedo, ele construiu uma trajetória fantástica no Grupo Forum-Triton com garra e esforço extraordinários. Não só contribuiu para o sólido crescimento da empresa, mas também, como CEO, liderou o processo de venda da companhia, o que, na época, foi a maior transação do mercado brasileiro da moda.

Pensando no futuro de suas filhas e em construir um novo momento profissional, mudou-se para os Estados Unidos e criou do zero empresas que hoje são muito bem-sucedidas. Uma prova de seu sucesso como empreendedor é que sua corretora de imóveis se tornou, em poucos anos, uma das melhores do estado da Flórida, o que despertou o interesse da ONE Sotheby's International Realty, um dos maiores grupos imobiliários do planeta, em associar-se a ele e a seu time. O gigante imobiliário acertou em cheio! Enquanto escrevo este texto, a sua imobiliária acaba de atingir 500 milhões de dólares em vendas acumuladas, conquista realizada ao longo dos últimos dez anos.

Nesta obra, Duek soube traduzir toda a sua vivência, adaptá-la para quem deseja empreender em sua carreira como colaborador de empresas e para aqueles que querem construir o próprio negócio. Os ensinamentos que ele traz aqui reúnem conceitos, boas práticas, ferramentas e exemplos muito simples de serem implantados.

Ele oferece um método testado do que funciona e do que não funciona para você erguer e gerenciar o seu negócio com altas chances de dar certo. Se você já está no mercado há alguns anos e a sua empresa não está crescendo nem evoluindo, os ensinamentos de Duek vão trazer os fundamentos e as ferramentas de aceleração de que você precisa para reencontrar o caminho do crescimento. Ele vai ensinar você a criar uma estratégia eficiente, a desenvolver uma tática inteligente e a simplificar as suas operações. E tudo isso por meio de histórias reais que mostram o que dá certo e os pontos de atenção para os quais você precisa olhar para não se colocar em situações desfavoráveis.

Considero esta obra um verdadeiro seguro para você errar menos e aumentar bastante as suas chances de acertos. O seu potencial de alcançar ótimos resultados na carreira e nos negócios será maior a partir de agora.

Que o livro *Potência empreendedora* seja o seu guia de empreendedorismo e esteja sempre perto de você para ajudá-lo a decidir e executar melhor o dia a dia dos seus negócios!

JOSÉ SALIBI NETO
é uma das maiores autoridades mundiais
em management e é coautor de nove livros de gestão,
incluindo o best-seller *Gestão do amanhã*:
*tudo o que você precisa saber sobre gestão,
inovação e liderança para vencer na 4ª Revolução Industrial.*

INTRODUÇÃO

O livro que você tem em mãos é fruto de uma promessa que eu fiz para a minha mãe, que desde sempre foi uma das minhas maiores inspirações. Ela, que nem terminou os estudos, me ensinou as lições de carreira mais importantes que já recebi até hoje. Segundo ela, eu era um "diamante bruto".

Ao longo do tempo, os desafios da vida e os excelentes mentores que tive foram me lapidando, e me dando condições de entender que há tantos outros diamantes brutos por aí. Muita gente que desconhece o próprio potencial e que não faz ideia de até onde pode ir.

Nas próximas páginas, vou mostrar a você o caminho que me trouxe até aqui, compartilhar tudo aquilo que uso no meu dia a dia para tocar os meus negócios com excelentes resultados. O meu método de construção e execução de negócios, a partir de agora, é seu também.

Além disso, esta obra nasce do meu forte desejo de devolver para a sociedade um pouco do tanto que recebi. Sou grato pela minha trajetória e por tudo o que conquistei até aqui, por ter trabalhado em cinco setores diferentes, nos quais ocupei trinta posições em dois países, o Brasil e os Estados Unidos, onde vivo atualmente.

Fico feliz em ouvir, dos meus amigos e familiares, que sou um agente de transformação, que ajudo as pessoas a avançarem na carreira, nos negócios, na vida.

Tenho mesmo esse papel e fico orgulhoso de saber que terei mais ainda depois deste trabalho. Ofereço a você uma metodologia única e muito prática, desenvolvida por mim ao longo de trinta e seis anos de carreira. O objetivo é ajudar você a despertar a sua potência empreendedora e colocá-la em ação para aumentar e acelerar os seus resultados como intraempreendedor e empreendedor.

Tudo o que sei aprendi com a experiência, fazendo e acompanhando os resultados. Foi assim, fazendo acontecer, que saí da periferia de São Paulo para realizar os meus sonhos de me tornar, em um primeiro momento, CEO de uma grande empresa e depois um empreendedor internacional cujos negócios hoje faturam anualmente centenas de milhões de dólares nos EUA.

Se estou aqui, se posso contar a você uma história vencedora, é porque sempre fui curioso. E porque estudei e trabalhei muito mais do que a média das pessoas. Não é uma questão de talento, mas de vontade, determinação, foco e muita ação. Fui me desenvolvendo no ritmo acelerado que impus a mim mesmo. Isso foi possível porque tenho o mindset de potência empreendedora. O mesmo que você tem e pode desenvolver mais e mais ao longo do tempo.

Trarei nos próximos capítulos os princípios, os fundamentos, os hábitos e as práticas para você se tornar um excelente intraempreendedor ou empreendedor e fazer a sua carreira e os seus negócios não apenas darem certo como também crescerem com solidez e constância. Tudo o que ensino e sugiro no livro testei, aprendi e ajustei, colocando a mão na massa, fazendo meus negócios acontecerem.

Nesse momento, você pode estar se perguntando: "Mas André, com tantos livros de empreendedorismo no mercado, por que devo ler o seu? O que ele traz de diferente dos demais?" E eu assim respondo: aqui não falarei mais do mesmo que você está acostumado. Não venderei ideias, conceitos e práticas que nunca apliquei em meu dia a dia. A maioria dos empreendedores bem-sucedidos pensa, comporta-se e faz diferente de boa parte do que sugerem as informações disponíveis no mercado sobre empreendedorismo. Aliás, se você colocar esse conteúdo convencional em prática, os riscos de seus negócios não darem certo são substanciais. Vejamos adiante alguns exemplos de recomendações tradicionais que você não deve seguir para não entrar em apuros. E já antecipo aqui um pouco da visão e das práticas diferentes que proponho com relação a esses temas, que serão retomadas e tratadas em detalhes em capítulos específicos.

- Se você quer um sócio para a sua empresa, não busque, em primeiro lugar, alguém que tenha interesses e habilidades complementares às suas. Você deve dar prioridade ao alinhamento pessoal. Ou seja: a pessoa compartilha dos mesmos valores e princípios que você? Ela tem interesses, hábitos e visões de mundo próximos aos seus? Se não houver sintonia nesses pontos, a sociedade não prosperará. Só após tal alinhamento, você deve olhar para a complementariedade de habilidades e interesses.

- Se você foi executivo e decidiu empreender, ao contrário do que muitos pensam, o seu mindset de gestor de grandes negócios pode ser um desastre para administrar uma pequena empresa. Porque, caso não mude o seu jeito de pensar e agir e entenda que está começando sua carreira como empreendedor do zero, você investirá muito além do que deveria no início de sua empresa, montando uma estrutura pesada e custosa (de pessoas, ativos fixos, tecnologia etc.) que aumenta muito os riscos do empreendimento e o seu risco pessoal por conta desse elevado aporte de capital. Na verdade, um novo negócio precisa operar enxuto, com simplicidade e começar com investimentos que não ultrapassem de 1% a 2% de seu patrimônio pessoal.
- Outro erro é fazer networking do modo tradicional. Você deve criar e manter relacionamentos sem a intenção e a expectativa de fazer negócios. Esse é o networking involuntário, que gera muito mais recomendações, conexões e negócios. Ele é baseado no desejo genuíno de interagir com o outro pelo prazer de estabelecer e cultivar o vínculo; pelo prazer de poder dividir momentos e experiências de vida; e pela boa vontade de estar disponível para ajudar quando o outro precisar. Portanto, as recomendações, conexões e negócios surgem espontaneamente como consequência dessa maneira de se relacionar.

Sendo assim, esteja preparado para abrir sua cabeça e atuar de modo distinto em vários dos assuntos que abordaremos no decorrer da leitura.

Prepare-se para ler, em quatro blocos de capítulos, sobre como construir uma carreira de alto nível como intraempreendedor, visando chegar a uma posição de *C-level*; como sair do mundo corporativo para empreender com altas chances de sucesso; se já é empreendedor, mas seus negócios estagnaram, como retomar o caminho do crescimento e levar os resultados de sua empresa para outro patamar; e, por fim, veremos alguns temas estratégicos que podem levar sua carreira e seus negócios ainda mais longe.

Na essência deste livro, o que veremos juntos é o **ETO**: uma metodologia que desenvolvi para desmistificar o que os empreendedores de sucesso criam em seus negócios, soluções e processos de gestão mirabolantes. Mas você deve estar se perguntando: o que significa ETO? É o acrônimo de **E**stratégia ágil, **T**ática eficiente e **O**peração simplificada.

Que a jornada de como realizei os meus sonhos possa ajudar você a realizar os seus também. Saiba que eu estou aqui, na torcida.

Obrigado pela companhia e ótima leitura!

ANDRÉ DUEK

CAPÍTULO 1

Potência empreendedora para alavancar sua carreira e seus negócios

Começo este livro pela nossa cabeça. É a nossa maneira de pensar que definirá a qualidade de nossas atitudes, como decidimos e agimos. Para termos alta performance na carreira e nos negócios, é fundamental desenvolvermos um mindset de crescimento, de prosperidade. Chamo esse jeito de pensar de potência empreendedora.

Segundo alguns dicionários[2,3] a palavra **potência** significa: qualidade do que é potente, forte ou poderoso; capacidade de decidir; aptidão para produzir; pessoa que se destaca por sua capacidade de construir coisas importantes e de influenciar outras; capacidade de mover algo; força aplicada à realização de certo feito; poderio; autoridade; capacidade de fazer acontecer. O adjetivo **empreendedor** é assim explicado pelos mesmos dicionários:[4,5] pessoa capaz de idealizar projetos, negócios ou atividades; indivíduo que se lança à realização de coisas difíceis ou fora do comum; qualidade de quem é ativo, arrojado, dinâmico.

Portanto, defino o mindset de **potência empreendedora** assim: pessoa com elevado nível de autoconfiança e clareza de propósito de vida, que tem muita energia, vontade e disposição para pensar estrategicamente, formular e fazer acontecer seus sonhos profissionais. A sua mente é orientada para idealizar, criar e impulsionar projetos de negócios, seja na carreira como colaborador ou como dono de uma empresa. O detentor do mindset de potência empreendedora enxerga oportunidades onde a maioria das pessoas

---

2   POTÊNCIA. *In*: MICHAELIS – Dicionário Brasileiro da Língua Portuguesa. Disponível em: https://michaelis.uol.com.br/palavra/aKbyB/potência. Acesso em: 28 abr. 2023.
3   POTÊNCIA. *In*: DICIO – Dicionário Online de Português. Disponível em: https://www.dicio.com.br/potencia/. Acesso em: 28 abr. 2023.
4   EMPREENDEDOR. *In*: MICHAELIS – Dicionário Brasileiro da Língua Portuguesa. Disponível em: https://michaelis.uol.com.br/palavra/jwWz/empreendedor/. Acesso em: 28 abr. 2023.
5   EMPREENDEDOR. *In*: DICIO – Dicionário Online de Português. Disponível em: https://www.dicio.com.br/empreendedor/. Acesso em: 28 abr. 2023.

vê dificuldades, questiona o status quo, tem a necessidade de fazer diferente e de realizar iniciativas de negócios desafiadoras e fora do comum. Mais do que serem voltadas para a ação, são pessoas movidas pela ambição de transformar o seu entorno por meio de seus negócios.

Construir uma cabeça de potência empreendedora é um desenvolvimento sem data para acabar, é feito dia após dia, ao longo de toda a vida. Venho construindo o meu mindset de prosperidade ao longo de trinta e seis anos de carreira: vinte e um como colaborador na Forum-Triton, empresa de moda fundada pelos meus tios Isaac e Tufi Duek, e dez como empreendedor nos EUA, à frente de uma imobiliária, de uma empresa de aluguel de motorhomes e de outra companhia focada em treinamento e geração de conteúdo para executivos e empreendedores.

Por que um pequeno percentual da população explode em suas carreiras e seus negócios, alcançando resultados extraordinários, e o restante das pessoas fica na média ou muito abaixo dela? Tenho convicção de que é a mentalidade de evolução constante que norteia e diferença o comportamento e os resultados de pessoas dotadas das mesmas capacidades. A questão é: o quanto você coloca suas capacidades em ação? Você vive aquém, na média ou usa plenamente o seu potencial?

> **O MINDSET DE POTÊNCIA EMPREENDEDORA**
> A pessoa com uma mentalidade de potência empreendedora tem elevado nível de autoconfiança e clareza de propósito de vida, assim como muita energia, vontade e disposição para pensar estrategicamente, formular e fazer acontecer seus sonhos profissionais. A sua mente é orientada para idealizar, criar e impulsionar projetos de negócios, seja na carreira como colaborador ou como dono de uma empresa. O detentor do mindset de potência empreendedora enxerga oportunidades onde a maioria das pessoas vê dificuldades, questiona o status quo, tem a necessidade de fazer diferente e de realizar iniciativas de negócios desafiadoras e fora do comum. Mais do que serem voltadas para a ação, são pessoas movidas pela ambição de transformar o seu entorno por meio de seus negócios.

Neste capítulo, vou apresentar algumas sugestões, insights e orientações para você desenvolver um jeito de pensar que o leve à alta performance. Vou dividir com você um pouco sobre como venho construindo o meu mindset. Acredito que a leitura flui muito melhor e aprendemos mais rápido a partir de histórias, situações e experiências: vou contar as minhas e as de outros homens e mulheres de negócios com os quais convivo e que admiro. E já digo para você que nem eu nem essas pessoas somos gênios, super-homens e supermulheres nem nascemos com superdons. Se cheguei onde estou hoje, é porque tenho trabalhado muito a minha maneira de pensar e agir.

O LAR DAS CRIANÇAS DA CONGREGAÇÃO ISRAELITA PAULISTA (CIP)

O modo de pensar que tenho hoje, o meu foco na solução e no agir diferente da média, começou a ser formado há muito tempo. Mais precisamente na minha infância. Esta é uma história da qual me orgulho bastante.

Desde menino, ouvia cada palavra de sabedoria do meu avô, Marcus Duek, como uma lição. Judeu sírio, ele fez a vida no Brasil como mascate e sempre procurou **estar perto de pessoas diferenciadas** na sua maneira de pensar e agir. Era amigo do Santos Dumont, entre outras figuras da época. Por isso mesmo, me dizia: "André, a gente aprende com quem a gente quer ter por perto". Nunca me esqueci disso, entendo **a importância de selecionarmos muito bem com quem nos relacionamos** hoje e nos relacionaremos no futuro.

Aprendi, desde pequeno com a minha família, **a importância de colaborarmos uns com os outros**, de termos uma verdadeira conduta de fraternidade e espírito de equipe. O meu avô não admitia, por exemplo, que alguns de seus filhos fossem prósperos, e outros, não. Quem estava em melhores condições deveria dar oportunidades ou ajudar financeiramente quem estivesse precisando. Isso nos levou a querer o melhor uns para os outros.

O aprendizado que tive na família em termos de mindset foi reforçado ainda a partir de uma experiência que me marcou muito: o período em que morei no Lar das Crianças. Trata-se de uma escola/internato mantido pela comunidade judaica para crianças e jovens carentes que existe desde 1937 no bairro do Alto da Boa Vista, em São Paulo.

Lá, onde entrei aos 8 anos, ficava de domingo à noite até as 15 horas da sexta-feira. Todas as manhãs, ia com as outras crianças a uma escola pública para as aulas regulares. No Lar, à tarde, tinha aulas de hebraico, religião e história judaica.

Era um sistema rigoroso de rotina e organização, similar a um quartel. Um lugar no qual aprendi muito. Muitas lideranças, empresários e executivos bem-sucedidos estudaram lá, incluindo a minha mãe e mais cinco tios e tias.

Às 20h30, a Dona Leila, que era a *morá* (professora, em hebraico) responsável pelo meu quarto, passava para saber se todo mundo tinha tomado banho e escovado os dentes. Em seguida, as luzes eram apagadas e todos tinham que dormir.

Acordávamos às 6 horas, íamos para a escola, onde tomávamos café da manhã às 6h30, e às 7 horas já estávamos na aula. Às 11 horas, voltávamos para o Lar, almoçávamos e começávamos a rotina de estudos da tarde. Quase não sobrava tempo para nada.

Havia hora para tudo, e nós tínhamos muito respeito pelos adultos, pelas pessoas que cuidavam de nós, pela nossa *morá*. Nunca vi nenhuma criança ou adolescente levantar a voz para ninguém.

DOIS INGRESSOS PARA O PLAYCENTER

Hoje, entendo que existia no Lar um clima de **competição saudável**. E a história que vou contar agora exemplifica bem isso. Certo dia, a *morá* entrou no nosso quarto dizendo que tinha dois ingressos para o Playcenter, presentes que seriam dados para os meninos mais organizados, aqueles que cuidassem melhor do espaço e das suas coisas. Um mês depois, os ganhadores seriam anunciados.

Fiz o meu melhor: a minha cama estava sempre com os lençóis esticados, as minhas camisetas, dobradas, e a toalha de banho, estendida.

O esforço foi recompensado: ganhei um dos ingressos. Aos meus companheiros de quarto, Youseff, Nathan e Samuel, a *morá* lançou um questionamento: "O André aprendeu a ser organizado, cuidou de tudo. E vocês? Alguém mais acredita que merece ser premiado?". Todos responderam que não mereciam, e as duas entradas para o parque foram dadas a mim.

Para estimular o trio, foi oferecida uma nova oportunidade: haveria ingressos no mês seguinte para quem estivesse disposto a entrar na linha. Todos se saíram muito bem, foram muito melhores do que eu havia sido, se superaram!

E o mais bonito foi ver a torcida geral. Era uma disputa, sim, mas todos queriam ver os outros serem premiados. Havia um sentimento de **respeito** e **companheirismo**. Valores que ficaram comigo e que me acompanharão para sempre.

Isso sem falar na **noção de compromisso** e de **cumprimento das metas**. Não como vegetais até hoje, não gosto, mas no Lar não se admitia o desperdício de comida, nem era possível escolher o que colocar no prato. Tínhamos que comer um pouco de tudo o que era servido no bufê. Assim, eu caprichava na quantidade de arroz e feijão em uma tentativa de disfarçar o sabor dos vegetais que colocava no prato. Ainda tinha que tampar o nariz, detestava o cheiro. Desse modo, conseguia comer tudo e garantir o direito de jogar futebol e nadar na piscina nos dias em que essas atividades eram liberadas.

Foi uma lição valiosa de como lidar com as dificuldades. Aprendi ali o valor das metas, de fazer o que fosse preciso para cumprir os objetivos. Não apenas para dar conta, mas para ir além. Essa é uma lição que desde sempre esteve comigo.

Além da minha experiência pessoal, ainda podia ver o sofrimento de outros meninos e meninas que sentiam mais a ausência da família, acompanhar a tristeza daquelas crianças que choravam a noite toda. Nesses momentos, havia o apoio da *morá* responsável, ninguém ficava abandonado.

Outra lembrança muito boa dos meus tempos no Lar das Crianças foi o entendimento de que **eu podia ser o que eu quisesse**. Ninguém nunca me disse isso, aprendi lá. Principalmente vendo as palestras dos ex-alunos muito bem-sucedidos, senhores que eram destaque em suas áreas. Se eles haviam estudado lá e estavam tão bem, eu também seria capaz, claro. Eles eram como eu, logo, eu também seria muito próspero um dia. Recebi nessas palestras conselhos e ensinamentos que carrego até hoje. Era uma mentoria, um aconselhamento, algo valiosíssimo em uma época em que ninguém falava ainda de mentoring, coaching e counseling. Isso sem mencionar os presentes que esses convidados especiais costumavam levar para nós nessas ocasiões, não era raro que ganhássemos algum brinquedo, algum brinde.

FOCO NO APRENDIZADO

Analisando o que vivi até aqui, reunindo tantos aprendizados, compartilho com você reflexões que valem para todo mundo. Você não precisa ter vivido no Lar das Crianças e passado por tudo o que eu passei para pensar a respeito dos pontos a seguir, para ter uma mentalidade focada na alta performance.

Para começar, sou muito **observador**. Penso que esse foi um dom que Deus me deu. Desde menino, se ia a um restaurante, por exemplo, ficava atento ao movimento, queria entender como tudo aquilo funcionava, nasci curioso. Minha **curiosidade é incessante**: sempre quero saber como as coisas funcionam e por que têm sido feitas dessa ou daquela maneira. Vale a pena você investir tempo em uma reflexão para **descobrir quais são seus dons**, o que diferencia você dos demais. No meu caso, além da capacidade de observação, adoro e tenho facilidade para aprender. Estou continuamente aprendendo coisas novas. É o **aprendizado contínuo** que me leva a sempre estar evoluindo. E aprender não é fácil, exige dedicação, paciência, estar aberto a desafiar suas convicções e agir diferente do que você está acostumado. Aprender coisas novas nos tira da inércia, da zona de conforto. Quando, há dez anos, decidi me mudar para os EUA, eu já tinha 40 anos e mal falava inglês. Confesso que foi um baita desafio aprender uma nova língua e me adaptar a uma nova cultura, mas, como gosto de aprender, as coisas fluíram.

Diante dessa percepção, desde quando comecei minha carreira aos 13 anos na Afros Confecções Ltda., empresa do meu tio caçula, Samuel, e dez meses depois fui trabalhar no Grupo Forum-Triton de Modas, passei a usar a força da curiosidade e do desejo de aprender a meu favor. Mesmo quando trabalhava lá no departamento financeiro, acompanhava o que estava acontecendo em outros setores, procurava colaborar com as minhas ideias. Eu não era um especialista em tecnologia nem em logística, mas queria entender, **aprender sobre tudo o que pudesse**, queria compreender como a empresa funcionava no todo. Eu sabia que quando alguma boa oportunidade chegasse para assumir uma posição mais elevada na minha área ou em outra, eu estaria pronto.

Uma palavra final sobre aprendizado: **busque também o conhecimento aplicado. Cuide de seu autodesenvolvimento**. O conhecimento aplicado é aquele que você consegue trazer para sua vida pessoal já durante o aprendizado. O seu autodesenvolvimento diz respeito à grande autonomia que temos para aprender. Hoje, mais do que nunca, existem várias maneiras para se aprender. Aprender não é só fazer cursos, frequentar salas de aula. Como dito por muitos empreendedores de sucesso: "Quase tudo o que você quer entender e aprender está disponível no YouTube". Portanto, procuro manter o meu cérebro em movimento e, para isso, busco o conhecimento todos os dias. É como praticar atividade física diariamente, é algo com o qual nos acostumamos. Não consigo mais viver sem ler, ver vídeos, assistir a palestras on-line, sem ouvir podcasts. Esse é um investimento constante cujos resultados superam em muito o investimento de tempo, energia e dinheiro.

O QUE VOCÊ QUER PARA SI?

Aonde quer chegar? O que quer se tornar? O que você precisa fazer para chegar lá? Precisará do apoio de quem para percorrer seu caminho até lá? Quais recursos serão fundamentais? O que precisará aprender para ter as competências e habilidades necessárias para chegar lá? Tente antecipar também quais serão as pedras no meio do caminho e como lidará com elas. Acredito no poder do **planejamento** e, mais ainda, no da **execução**.

Sempre fui uma pessoa de definir metas para as diversas áreas da minha vida, e busco conectar meus objetivos de curtíssimo, curto, médio e longo prazos. Vejo muitas pessoas que têm tudo para crescer vigorosamente na vida profissional, mas não saem do lugar ou evoluem muito devagar, porque não sabem o que desejam para si e ficam apenas reagindo às circunstâncias externas e vivendo os sonhos dos outros. E você não precisa criar um planejamento detalhadíssimo. Articule o essencial, pois planejamento demais drena bastante energia e faz você perder um tempo precioso que poderia estar sendo investido na execução. Além disso, um superplanejamento nunca vai garantir que tudo saia exatamente da maneira como você pensou. A vida e os negócios são dinâmicos e não cabem em uma planilha. É muito melhor você desenvolver a sua flexibilidade, a sua capacidade para se adaptar durante a fase da execução.

Se você já sabe o que quer para si e fez um plano para chegar lá, já deu um passo fundamental. Porém, de nada adianta isso caso você não parta para a execução de seus planos. Divida suas metas em metas menores, diárias, semanais, mensais e trimestrais, vá avançando passo a passo e não se esqueça de adotar critérios para medir o seu avanço.

Busque ir além todos os dias, fazer o que ninguém mais faz, entender sobre áreas e atividades que não são necessariamente aquelas nas quais você trabalha. Coloque como uma prioridade em seu trabalho a disciplina de fazer sempre um pouco mais todo novo dia. Planejamento somado à execução resulta em excelência!

Você está disposto a pagar o preço? A fazer o seu melhor para chegar lá? Ou vai ficar do lado daqueles que só reclamam e esperam tudo cair do céu?

MAIS CARACTERÍSTICAS DA MENTE PRÓSPERA
Saber o que você não quer é outro ponto fundamental para quem quer crescer. Não me agrada a ideia de ser processado na Justiça, essas coisas minam a minha energia. Na Duek Motorhomes, minha empresa de aluguel de veículos, já foram mais de mil locações e nenhuma ação judicial sequer, em um setor em que os processos são frequentes.

Recebo a todo tempo convites para ser sócio de empreendimentos de bebidas e entretenimento noturno, por exemplo. Respeito as escolhas de cada um, mas sou fiel aos meus valores. Não gosto de sair à noite e não sou de beber muito, por exemplo. Assim, não me sentiria bem trabalhando com isso.

Entenda que sempre haverá problemas. Eles não são a exceção, são a regra. E que eles serão passageiros. Todos temos que passar por eles, enfrentar os nossos desafios. Reclamar não vai levar você a lugar nenhum. Encare seus problemas como presentes para você evoluir e encontrar oportunidades de mercado. Os problemas são trampolins para o crescimento. Passe a encará-los com mais naturalidade. Não existem empreendedores, empresários e executivos bem-sucedidos que não tenham superado inúmeros problemas e dificuldades ao longo de suas trajetórias. E pode ter certeza de que continuam lidando com muitos problemas em seu dia a dia. Uma das marcas dos profissionais de alta performance é a sua elevada resiliência, seu protagonismo e sua capacidade de agir rapidamente para resolver os problemas.

Quando eu era criança, ao cair da bicicleta, levantava e perguntava onde estava o remédio, mesmo estando muito machucado. Nunca fui de ficar chorando, meu foco sempre esteve na busca de soluções.

Seja otimista, isso vai ajudá-lo a lidar com as adversidades. No fundo, tudo depende do modo como vemos aquilo que se apresenta para nós. Hoje entendo que, na minha casa, com os meus pais, tive ótimos exemplos daquilo que queria e daquilo que não queria para mim. Olhei para os exemplos que não julguei positivos e considerei como eles poderiam me fortalecer, o que eu poderia tirar de aprendizado deles. Todos foram válidos e me levaram a ser quem eu sou.

Converso muito sobre isso com as minhas filhas, Pietra e Sofia. Gosto de contar as minhas histórias de vida para as duas, que têm sensibilidade para me ouvir e muita capacidade de entendimento. Busco incentivá-las a desenvolver esse olhar positivo frente aos desafios da vida, pois, se olharmos para eles com pessimismo, ficaremos enraizados nos problemas, sofreremos em excesso e não enxergaremos as possibilidades de crescimento que todo problema nos oferece.

É saudável ter ambição. Sonhe alto, pense longe, construa o seu caminho. Ser ambicioso não quer dizer que você vai conseguir o que quer a qualquer preço, não é isso. Estamos falando aqui de desejo, planejamento e realização.

Sempre tive o sonho de viajar de avião. Aos 13 anos, tive a oportunidade de pegar uma ponte aérea de São Paulo para o Rio de Janeiro, viagem que ganhei de presente da minha mãe, junto com os meus irmãos Alexandre e Anselmo. Como o trajeto era muito curto, matei a minha vontade mesmo um bom tempo depois, aos 23 anos, quando fui para Miami. Lembro que trabalhei dez anos para juntar dinheiro para essa viagem, mas fui e passei o meu aniversário lá.

Quando era menino e morava na Vila Califórnia, na Zona Leste de São Paulo, dizia que um dia compraria um carro da marca Mercedes. Era chamado de louco, mas comprei o meu primeiro carro da marca aos 33 anos.

Não teria atingido esse e tantos outros objetivos se não levasse a sério o ponto a alcançar, outra base importante para quem quer ter uma mentalidade de potência empreendedora:

Não se compare a ninguém. Penso que nós crescemos quando escolhemos competir com nós mesmos. Compare quem você é hoje com quem você foi no passado. Busque trabalhar para fazer o seu futuro ser bem melhor do que o passado e o presente. O que o outro faz não nos diz respeito, não muda a nossa vida. Tenha as suas metas e trabalhe para superá-las.

Quando o meu tio Isaac se aposentou, em 2003, eu assumi o lugar dele na empresa como diretor administrativo-financeiro. Nesse período, senti que era hora de melhorar minhas competências em liderança e ter contato com conceitos e metodologias de gestão que não conhecia e que seriam valiosos para poder desempenhar bem nessa nova posição. Fiz a minha matrícula em uma pós-graduação em Negócios para Executivos na Fundação Getúlio Vargas em São Paulo, uma das melhores escolas de negócios do país. Foi uma decisão acertada, porque tive contato com as práticas de gestão mais modernas da época e consegui trazer contribuições importantes para profissionalizar a empresa.

Por falar em buscar sempre ter o melhor desempenho, ter sido piloto de competição na Stock Car me ajudou bastante. O automobilismo é um esporte que depende muito da máquina, de você ter o melhor carro. Como não era o meu caso, eu precisava me dedicar duas ou três vezes mais para alcançar uma boa posição, para me superar. Tinha que competir comigo mesmo.

Tenho orgulho de dar entrevista para revistas de negócios como a *Forbes*[6] e a *Exame*,[7] por exemplo? Claro que sim. Sair do zero como eu saí e conquistar um alto resultado é muito especial.

O meu trabalho e o da minha equipe têm sido reconhecidos principalmente porque estamos contribuindo para **melhorar a vida das pessoas**. Impactar positivamente a vida delas é o que mais me realiza, é o que me traz a verdadeira satisfação. Nunca coloque o dinheiro na frente do bem-estar de seus clientes, colaboradores e parceiros de negócios. Quem tem mentalidade de crescimento busca impactar o mundo, ajudando os outros a viver melhor, a brilhar. Os resultados financeiros de sua empresa e outros reconhecimentos que receberá são consequência de proporcionar bem-estar ao próximo.

Espelhar-se em um ser humano melhor do que você é outra prática que ajuda muito quem quer ir além das expectativas. Quem são as pessoas mais evoluídas ao seu redor? O que as torna excepcionais? Como elas contribuem para melhorar os mercados em que atuam? O que elas fazem pelo bem de seus clientes, colaboradores, fornecedores e outros parceiros de negócios?

Procuro me inspirar nesses indivíduos. Em meu trabalho no mercado imobiliário, penso em todos os detalhes em nome do bem-estar da família que vai morar no imóvel. Falo das virtudes e dos defeitos da propriedade.

Também já aluguei unidades sem ganhar comissão, só por saber que aquela era a escolha certa para o meu cliente. O importante é trabalhar de maneira correta, essas coisas sempre voltam para você.

---

6 FERNANDES, V. Ex-CEO da Forum, André Duek se dedica a empresa de aluguel de motor-home. **Forbes**, 25 maio 2022. Disponível em: https://forbes.com.br/forbes-money/2022/05/de-ceo-da-forum-e-triton-a-dono-de-empresa-de-aluguel-de-motorhome-conheca-a-historia-de-andre-duek/. Acesso em: 30 abr. 2023.

7 SOUZA, K. Ex-CEO da Forum, André Duek fatura US$ 103 mi com *real estate* nos EUA. **Exame**, 28 maio 2022. Disponível em: https://exame.com/exame-in/ex-ceo-da-forum-andre-duek-fatura-us-103-mi-com-real-estate-nos-eua/. Acesso em: 30 abr. 2023.

Cultivar a humildade é outra base da mentalidade próspera. É assim que conseguimos avançar a longo prazo. Quando estamos no auge, recebemos muitos tapas nas costas, mas não devemos nos achar melhores do que ninguém por isso. Se sobram convites para almoçar e ninguém deixa você pagar a conta, por exemplo, não permita que isso lhe suba à cabeça.

Nesse ponto, me ajudou sempre ter ouvido apenas parabéns quando chegava com boas notas em casa. Meus pais não faziam muita festa com isso, sempre tive os pés no chão.

Não se apaixone pelo seu sucesso. Procuro não esquecer que, por mais bem-sucedido que seja, ainda sou pequeno diante de tantos outros empreendedores. Tenho muito mais a realizar para contribuir para o mundo ser melhor. Vejo um vídeo do Warren Buffett e me dou conta do que é o sucesso absoluto. O meu sucesso, perto disso, é relativo. Isso me impulsiona a querer realizar mais, ir mais longe. Não viemos para este mundo para viver aquém de nossas capacidades. Muito pelo contrário, estamos aqui para crescer, evoluir, transformar, construir e colocar todos os nossos dons, nossos *gifts* (como dizem os americanos), em ação.

Tenha consciência de seu valor. Você deve ser o primeiro a reconhecer a qualidade de suas entregas e o impacto positivo que traz para sua empresa, seus clientes, colaboradores e parceiros de negócios. Quando vendi a minha imobiliária americana Duek Realty LLC para a ONE Sotheby's International Realty, em fevereiro de 2020, consegui pela transação um valor cinco vezes mais alto do que a Sotheby's ofereceu inicialmente. O executivo responsável pela operação disse que nunca tinha visto ninguém negociar assim e me convidou para ser vice-presidente da empresa. Isso só foi possível porque eu sempre confiei no meu taco e no da minha equipe, sabia do nosso valor e do quanto agregaríamos para a Sotheby's.

Fiquei feliz com o convite, agradeci, mas disse não. A minha mentalidade de crescimento me faz amar o novo, estar sempre envolvido com novos projetos e desafios. Essa é uma atitude que me acompanha desde que eu era funcionário, nos tempos da Forum.

O MÉTODO ETO

Para você desenvolver sua mentalidade de potência empreendedora com mais eficácia e tornar-se um empreendedor ou intraempreendedor excelente, com atitudes e comportamento que melhorarão muito seu desempenho, eu compartilho com você o **Método ETO**: é uma sigla que significa **E**stratégia, **T**ática e **O**peração de maneira simplificada. Ele é o meu jeito de empreender, aquilo que eu uso, todos os dias, na minha carreira e nas minhas empresas.

É uma metodologia que construí ao longo do tempo e que é totalmente voltada para aqueles que querem empreender carreiras e negócios com muitas chances de dar certo, de voarem em suas vidas profissionais.

Vamos, agora, entender como o método está estruturado e funciona. Para começar, visualize o que você quer se tornar em sua vida profissional e aonde deseja chegar. Nos Estados Unidos, as pessoas chamam esse exercício de construir o seu *vision board*. Isso envolve organizar o seu pensamento com imagens, palavras, números, tudo registrado. Você pode escrever tudo em uma cartolina, não tem problema. Faço o meu *vision board* há trinta anos, esse mapa da visão, muito antes de saber que ele existia e tinha esse nome.

Escreva o que você quer para si, defina o seu *goal* máximo. Em seguida, escreva por que busca isso, quais as suas motivações e razões mais profundas. Por fim, trace um plano simplificado. No meu caso, para que você possa entender melhor como funciona, digo que o Duek Lara Group tem como objetivo se tornar o grupo mais forte de *brokers* brasileiros do mundo e vender 1 bilhão de dólares em imóveis por ano. Sou completamente apaixonado pelo universo imobiliário e estabeleci esse objetivo porque acredito que famílias, empresas e outras instituições podem ter uma relação diferente com seus imóveis, vivendo seus momentos neles com muito mais qualidade e bem-estar. Definir esses pontos de seu *vision board* significa formular a sua **estratégia** profissional. É o "E" do ETO.

Estabelecida a grande meta, é hora de desdobrá-la em um plano de ação. Se você já empreende e tem uma pequena empresa, por exemplo, pode responder às seguintes perguntas para formular seu plano para se tornar o maior do mercado e faturar tanto: como você vai fazer para chegar lá? Por meio de aquisições, fusões, *joint ventures*, mudança de perfil de produto e da equipe, *rebranding*? O que mais? Com quem pode fazer isso? Escreva os nomes. Qual o perfil dos envolvidos? Qual a formação e experiência necessárias, por exemplo? Qual percepção você quer que as pessoas tenham do seu negócio? Eu quero uma marca que tenha a perenidade da Chanel, a confiança transmitida pela Tiffany & Co., o dinamismo e a inovação da BMW e um serviço tão bom quanto o da Apple. Todos esses pontos que envolvem a elaboração do plano fazem parte da **tática**. É o "T" em ETO.

Depois disso, da definição da tática, você parte para a **operação**, que nada mais é do que a execução do planejamento.

No meu caso, para fazer 1 bilhão de dólares por ano, precisarei ter uma equipe de quarenta bons vendedores que vendam 25 milhões de dólares por ano, comercializando em torno de mil imóveis por ano. Uma meta bastante desafiadora. Não conheço nenhum outro time de *brokers* que tenha uma performance tão boa, mas nós vamos conseguir. E, para isso, como vou fazer para atrair bons vendedores para a minha empresa? Como deverei treiná-los? Quanto precisarei investir em marketing? O que precisarei melhorar na maneira como atendo meus clientes? De que modo conseguirei potencializar o boca a boca para os meus negócios? O que mais pode ser feito? Tem que pensar longe, lembre-se.

O QUE AS PESSOAS NÃO ENXERGAM

Como você precisará muito da colaboração de outras pessoas para realizar seu grande sonho, é importante que elas entendam bem qual será o caminho a ser percorrido e que estejam convencidas de que vale a pena embarcar nessa jornada com você, para todos trabalharem bem juntos.

Recentemente, contratei duas pessoas para a minha equipe. Dois colaboradores que já estavam no time vieram comentar comigo a novidade, perguntar se íamos "dividir o bolo". Nessa hora, perguntei a eles quanto conseguiam vender por ano e se pretendiam abrir mão de tirar férias. Assim, expliquei que ampliei a equipe não só para aumentarmos as receitas, mas também para não as deixar cair naqueles momentos em que não estamos com todos em campo, por conta de férias, problemas de saúde e outras razões que justifiquem ausências. Mostre para as pessoas que trabalham com você o que elas não enxergam. Há quem pense que vai ficar para trás se você contratar mais gente. Por isso é importante apresentar a tática e a operação com clareza. Explique o que pretende fazer para que as vendas cresçam.

Quando sinto que falta ritmo na minha equipe, mostro o que estou fazendo. Digo que fiz quinze follow-ups com clientes e pergunto quantos cada um fez. Mostro que dá para vender três propriedades por semana, dou o exemplo.

Além disso tudo, tenha a certeza de que vai precisar de tempo, paciência e, em algumas situações, de dinheiro para lidar com os muitos desafios ao longo do caminho. O sucesso quase nunca chega rápido. Ele é uma construção diária que pode levar anos ou até décadas. Não é o "talvez os problemas aconteçam", mas, sim, "é uma certeza que vários problemas vão acontecer e eu vou ter de resolvê-los".

Com a sua cabeça já preparada desse modo, o processo para buscar o que você deseja será um pouco menos tortuoso. Os desafios fazem parte do jogo: alguma coisa vai dar errado e você vai perder, para depois ganhar. Perdeu um cliente? Tudo bem, você vai trabalhar para ganhar mais dois. Pode parecer uma discussão "batida" estarmos falando aqui dos "pepinos" que surgirão na sua jornada, mas na minha experiência vejo que muitas pessoas sucumbem frente aos desafios inevitáveis que estão na trajetória de quem quer chegar longe.

PASSO A PASSO

Mas vamos ver mais como o Método ETO acontece na prática. Organizando o método por etapas, recomendo que o seu primeiro passo seja a definição do seu número, da sua meta. Você precisa ter algo palpável, nominal. O número não deixa dúvida e vai direcionar tudo. A partir dele, você deve levar em conta quanto vende hoje, com quantas pessoas no time e captando quantos clientes. Quantos deles você converte? Isso pode aumentar? De que maneira? Digo a você que, para aumentar as minhas vendas, os meus fechamentos, de 30% para 50% do total de clientes contatados, fiz mais follow-ups. Não precisa ser gênio e ter estudado em Harvard para constatar isso.

Por isso, lembre-se de considerar número, venda, preço médio, o modo como realiza seus processos no dia a dia, quantidade de pessoas trabalhando e estoque.

Voltando ao meu próprio exemplo: 1 bilhão de dólares é o *goal*, com a estratégia de ser o maior grupo de *brokers* brasileiros do mundo.

Pensando na tática, você vai definir o que é possível fazer. O planejamento entra na tática. Observe o número de produtos vendidos, por quantas pessoas e a partir de qual tipo de marketing, entre outros pontos. O celular que os seus colaboradores usam vai fazer a diferença? Ou é melhor investir na apresentação dos seus produtos e na organização de excelentes eventos?

Não faz tanto tempo, quebrei um paradigma na minha empresa, contratando um profissional que não falava português. Um francês que me chamou a atenção por não ter encontrado ninguém como ele em termos de talento para trabalhar o nosso branding, a nossa comunicação e vídeos de apresentação de nossos produtos. Conversamos por um ano até que ele pudesse me atender. A contratação dele foi uma escolha estratégica, pois ele me ajudou muito a formular o nosso tático em relação à comunicação, que é um fator crítico para a geração de novos negócios em nossa imobiliária.

Já o aspecto operacional é ir para a guerra, literalmente partir para a ação. É estabelecer, por exemplo, que você quer atender e fazer proposta para mais de setenta clientes no mês seguinte.

Em outros tempos, se alguém me procurasse para comprar 150 casas para acomodar 150 executivos de um banco e suas famílias que estivessem se mudando para Miami, eu nem ia querer participar da reunião, por achar que não tinha condições de atender. Hoje, já estaria preparado, afinal de contas, não paro de agir, de trabalhar para avançar.

É assim que vamos abrindo caminho. Outro exemplo prático: para vender 1 bilhão de dólares, sei que não posso mais dirigir duas horas por dia, vale mais a pena contratar um motorista. As necessidades sempre devem ser acompanhadas por um cálculo racional de custo de oportunidade, uma conta que faça sentido e esteja alinhada com os seus objetivos.

Enquanto escrevo este livro, estou pensando em comprar um barco com a minha sócia para usar com os clientes, para promover ações de relacionamento, mostrando os imóveis que temos disponíveis por meio de uma experiência bem diferente do padrão usual de atendimento que quem busca um imóvel costuma receber. O barco nesse contexto será uma ferramenta de trabalho, a questão é avaliar se o investimento cabe nas contas e qual é o potencial de retorno que ele poderá agregar em termos de crescimento de vendas.

Outro aspecto importante do Método ETO são as pessoas que estão e estarão com você nessa caminhada. Elas devem enxergar que o próprio crescimento acontecerá no longo prazo e não no curto. Os seus colaboradores precisam entender que o alcance do sucesso que realmente vale a pena, das realizações que elevam a vida a patamares inimagináveis, só acontece se fizermos as coisas com consistência e foco no longo prazo.

No meu caso, é ter a disciplina e a clareza de que precisamos vender tantos imóveis por semana, mês e ano para nos aproximarmos cada vez mais da grande meta. Querer sucesso no curtíssimo e curto prazo é um devaneio. É como nos investimentos financeiros em renda variável: você só multiplica o seu dinheiro várias vezes investindo com foco no longo prazo, pois é assim que você consegue aproveitar a força da bola de neve dos juros compostos a seu favor. Pouquíssimas – para dizer a verdade, raríssimas – são aquelas pessoas que alcançam resultados extraordinários realizando operações financeiras de curtíssimo prazo como *day trade*.

O Método ETO é muito mais simples do que você imagina. Estamos falando de um coeficiente aspiracional, baseado no longo prazo, e de um coeficiente real, que é a sua tática baseada no que você tem de potencial verdadeiro e no potencial humano e de marketing de que dispõe no momento para poder avançar.

Simplifique a sua operação, você vai aprender que é possível fazer isso. Excesso de estrutura, processos demais e aumento de complexidade não vão lhe trazer eficiência.

Saiba que o Método ETO vai estar intrínseco em todos os próximos capítulos dos quatro grandes blocos deste livro. Você o verá nas experiências que eu vou compartilhar daqui por diante. Vamos em frente com o primeiro bloco de capítulos que mostrará o que você pode fazer para construir uma carreira de alto nível como colaborador, ou seja, intraempreendedor, caso esse seja o seu desejo.

@andreduek

O quanto você coloca suas capacidades em ação? Você vive aquém, na média ou usa plenamente o seu potencial?

BLOCO 1

PARA VOCÊ QUE DESEJA CHEGAR AO TOPO DA CARREIRA EXECUTIVA

O objetivo dos capítulos do Bloco 1 é levar você a pensar e agir como intraempreendedor, que é o empreendedor corporativo que atua em médias e grandes empresas.

Assim, a seguir, vou mostrar como você, leitor, pode aplicar o mindset de potência empreendedora e o Método ETO para alavancar a sua carreira de maneira consistente e com muito sucesso.

Os capítulos vão apresentar subsídios para que você elabore o seu *vision board*, o painel com a visão de onde você quer chegar, identificando qual é o objetivo maior da sua carreira. Se você é um gerente, por exemplo, pode definir que a sua grande meta para um período de cinco a dez anos é ser CEO da empresa em que está ou de outra.

Com a leitura dos capítulos, você vai ser capaz de construir a sua estratégia de carreira e o que deve fazer para chegar lá. Além disso, vai aprender a trabalhar o tático e vai entender o que precisa desenvolver para ter uma execução bem-feita, realizando boas escolhas e criando novas atitudes. Vou apresentar tudo isso de maneira simples e prática, para que você possa aplicar na sua vida e se aproximar do seu sonho maior.

Tudo ilustrado com exemplos, cases e situações vividas por mim e por outros profissionais.

Preste atenção aos detalhes e tenha uma visão crítica a respeito da sua carreira. Assim, será possível avançar. Boa leitura, aproveite!

CAPÍTULO 2

Seja um colaborador com cabeça e atitudes de dono

Se cheguei aonde estou hoje é porque sempre fui exatamente o que está escrito no título deste capítulo: um profissional com cabeça e atitudes de dono. Mas o que é ter cabeça e comportamento de dono?

Relaciono algumas das características de colaboradores com a "mentalidade de dono":

- **Enxergam sentido no que fazem e, por isso, têm um grande compromisso com suas atividades e buscam melhorar continuamente suas entregas.**
- **Têm iniciativa e buscam soluções sem esperar instruções de colegas e gestores.**
- **Sentem-se responsáveis pelos resultados de seu time, de sua área e empresa como um todo não só no curto prazo, como também no longo prazo.**
- **São curiosos e ávidos por aprender coisas novas.**
- **Além da satisfação em contribuir com suas equipes e áreas, estão antenados no que acontece em diferentes setores da empresa, ficando bem contentes quando podem ajudar pessoas de outros departamentos.**
- **São orientados a resultados, focando sua atenção e energia para atingir as metas, não se limitando a seguir processos.**
- **Estão constantemente de olho em oportunidades e em busca de soluções para os problemas. Querem melhorar os processos sempre que possível.**
- **Gostam de questionar o status quo, são abertos a novas ideias e não temem testar coisas novas.**
- **São resilientes, enfrentando as dificuldades e os desafios com dedicação e persistência. Não sossegam enquanto não resolvem aquilo que os incomoda.**

"O ANDRÉ É TÃO DONO DA EMPRESA QUANTO EU E O TUFI"

Agia assim sem saber e só parei para pensar no assunto quando, um dia, em um café, o meu tio Isaac, sócio-fundador da Triton-Forum, comentou: "O André é tão dono da empresa quanto eu e o Tufi".

Era verdade. E essa postura eu levava para todas as situações. Se me mandassem para negociar um contrato de mil reais com um fornecedor, eu dizia que o meu limite de pagamento era de 900 reais. E que eu teria que ver com os proprietários se era possível pagar 950 reais. Se o negócio fosse meu, afinal, eu não ia querer pagar menos? Sabia que, quanto melhor fosse o acordo para a empresa, melhor seria para mim também.

Se ia a reuniões externas, pesquisava antes os preços dos estacionamentos para deixar o meu carro onde fosse mais barato. Na região da Avenida Paulista, em São Paulo, era sempre mais em conta deixar nas ruas próximas. Era onde eu estacionava.

Além do resultado financeiro em si, do dinheiro economizado para a empresa, há o efeito não financeiro, que é a diferenciação em relação aos demais. Quantas pessoas você conhece, afinal, que pensam dessa maneira?

Para começar, esqueça essa ideia de jornada de trabalho que vai das 9 horas às 18 horas. A maioria das pessoas trabalha por hora, condicionadas nessa duração: elas desperdiçam o tempo em atividades de baixo valor, distraem-se facilmente, deixam a hora passar como se tivessem todo o tempo do mundo para fazer o que precisa ser feito, batem o ponto e voltam para casa. Percebe que essa é uma limitação?

O foco, a meu ver, deve estar na produtividade, na definição acertada de prioridades, em fazer o máximo que você pode no menor tempo possível, com o objetivo de contribuir para que os resultados de sua empresa sejam cada vez melhores. O que eu quero é fazer em 44 horas o que outra pessoa faria em 90, otimizando o meu tempo. Com isso em mente, você vai ver que é possível produzir o dobro trabalhando 20% a mais com grande atenção e foco. Garanto que vale a pena o esforço.

E aqui vai uma dica boa neste sentido: no livro *O lado bom do prazo*,[8] o autor, Christopher Cox, destaca que quanto mais curto o prazo, mais rápido daremos conta de fazer o que é preciso. E por isso mesmo devemos estabelecer prazos mais próximos para nossos projetos. Quanto mais longo o prazo, maiores são as chances de procrastinação.

---

8   COX, C. **O lado bom do prazo**: gestão estratégica do tempo para manter a produtividade com foco e criatividade. São Paulo: Companhia Editora Nacional, 2022.

@andreduek

O foco, a meu ver, deve estar na produtividade, na definição acertada de prioridades, em fazer o máximo que você pode no menor tempo possível, com o objetivo de contribuir para que os resultados de sua empresa sejam cada vez melhores.

Com organização, tendo uma meta, conseguimos mudar de mentalidade. Um vendedor que pensa acima da média, por exemplo, vai querer vender vinte calças por dia se a meta da loja diz que cada funcionário deve encerrar o expediente com dez peças vendidas. Se o expediente termina às 18 horas, e ele já vendeu dezesseis itens até ali, vai querer ficar, por sua conta, um pouco mais para chegar ao número desejado.

ESTEJA ATENTO A TODAS AS ÁREAS

Além da vontade de me superar, a minha cabeça de dono, mesmo quando ainda era empregado, me levou a outra atitude que recomendo a você: preste atenção a outras áreas da sua empresa.

Sendo funcionário da área financeira da Forum, eu sempre ia ajudar o pessoal do setor de faturamento nos últimos dias do mês, os mais puxados para eles. Ajudava a fechar o caixa, imprimia as notas fiscais, fazia o que fosse preciso.

Todos os anos, perto do Natal, ia para alguma loja ajudar a vender. Eu trabalhava como caixa, vendedor e, assim, entendia mais sobre as preferências do público, os perfis dos clientes de cada região de São Paulo (todo ano ia para uma loja diferente).

Por experiência própria, digo que essa atitude é boa para você e para a empresa. Quando passamos a colaborar com uma área nova, não temos os vícios e o jeito rotineiro de trabalhar de quem já está lá há muito tempo. Assim, é possível ajudar com novas ideias, enxergar oportunidades e fazer a diferença.

De tão atento a isso, às demandas dos outros departamentos, certa vez, estava no centro de São Paulo, em um sábado de manhã, quando lembrei que a equipe de tecnologia estava aflita à procura de um equipamento específico, algo como um *drive*, não lembro ao certo. Liguei para o responsável para perguntar as especificações do produto e ouvi que nem adiantava perder tempo com isso, a tal peça já tinha sido procurada por eles e não existia.

Desconfiando da informação, comecei a procurar nas lojas da rua Santa Ifigênia, em São Paulo, especializada em informática e eletrônicos. Na terceira porta em que bati, encontrei o que procurava, comprei e paguei com o meu cartão de crédito, depois pedi o reembolso da despesa. Ninguém na empresa acreditou.

Por isso recomendo: tenha a atitude de ajudar. Um jogador reserva que, sentado no banco, observa atentamente o jogo e dá palpites, em algum momento vai ser convidado a entrar em campo. O mesmo não deve acontecer com quem fica parado, distante de tudo, que não demonstra interesse genuíno em contribuir.

Desde os meus 18 anos, coloquei na cabeça que queria ser diretor da Forum no futuro. Ao longo dos anos, enquanto não havia vaga para a posição, nenhuma perspectiva para isso, eu frequentava os happy hours dos diretores, ia aos eventos voltados para eles, não perdia uma oportunidade. Eu precisava entender como pensava e agia alguém que trabalhava como diretor.

Certa vez, paguei do meu bolso todas as despesas para ir à Argentina com executivos da direção, para uma pesquisa de mercado para abrir uma loja em Buenos Aires. Queria estar perto, aprender com eles, ser o primeiro da fila quando surgisse uma oportunidade, o que aconteceu vários anos depois. Eu trabalhei muito duro para isso.

E ainda digo mais: se quiser saber das novidades, estar por dentro de tudo o que acontece no dia a dia da empresa, em suas diferentes áreas, esteja aberto a conversar com todo mundo. Com diretores, gerentes, coordenadores, supervisores e funcionários da base, com quem quer que seja. Lembro que, quando ia trabalhar aos sábados, convidava quem estivesse por perto para ir à feira, para comer um pastel. Ficava sabendo de tudo e sempre descobria oportunidades para colaborar com as outras áreas.

HORA DE CONSERTAR A CORTINA

Muito antes de ser diretor, sonhava em ir à Convenção de Vendas da Forum. Certa vez, o evento foi realizado no Guarujá, no litoral paulista. Para mim, seria fácil ir e voltar de carro, já que não teria direito a hotel, pois eu não era um participante oficial.

Expliquei para a responsável pelo encontro que só queria estar ali, por minha conta mesmo. No primeiro dia, cheguei bem cedo e comecei a ajudar a equipe da organização com pequenos incidentes como remendar uma cortina rasgada e arrumar uma apresentação em Power Point que simplesmente não funcionava. Já estava lá mesmo, não tinha por que ficar de braços cruzados. Foi quando ouvi da responsável pela convenção: "Você está trabalhando mais do que o pessoal que veio para cá com tudo pago".

Por isso digo a você, com base na minha experiência, é preciso ter curiosidade e iniciativa se quiser ir adiante, se quiser prosperar em sua carreira. Ter essas duas características me levou até onde estou hoje. Sem falar que sempre fui inquieto, ficava cansado de fazer a mesma coisa por três, quatro, cinco meses.

FROTA RENOVADA

Outra história sobre iniciativa que quero compartilhar com você é sobre a renovação da frota de carros da Forum. Tínhamos veículos de todos os modelos, marcas e anos diversos: Gol, Palio, Fiesta, Corsa, Kombi, Furgão.

Uma confusão. Ninguém tomava conta de nada, os funcionários pouco ou nada cuidavam dos veículos. A empresa, por sua vez, também quase não investia em manutenção.

Essa falta de organização sempre me chamou a atenção, deveria haver um modo mais eficiente de gerir a nossa frota. Conversando com um amigo que trabalhava com isso, me veio a ideia de criar um projeto na tentativa de resolver o problema.

Assim, fizemos um acordo financeiro de leasing com a montadora, a Fiat, que passou a nos fornecer veículos novos, e vendemos toda a nossa frota. Unificamos os modelos, que seriam só Uno Mille e Fiorino. Isso facilitou todo o trabalho de manutenção e gerou economia na hora de fazer a troca dos itens: a partir daquele momento poderíamos adquirir os mesmos pneus em quantidade, por exemplo.

Deu certo: os funcionários ficaram mais atentos e passaram a cuidar bem dos carros. Afinal, com os veículos zerinhos, ninguém queria ficar malvisto por ter causado avarias. Colocamos também rastreadores neles, o que eliminou práticas como o uso para fins pessoais, que acontecia antes, quando não havia qualquer tipo de controle.

Para animar os funcionários, colocamos ainda rádios com CD nos veículos, o que foi ótimo em termos de engajamento.

E mais: pelo acordo que fizemos com a montadora, a frota seria renovada a cada três anos. A partir dali, só haveria carros novinhos da Forum circulando por aí, o que se tornou motivo de elogios vindos de nossos clientes, parceiros e fornecedores. Ou seja, os carros novos fortaleceram a marca da empresa, comunicaram a imagem de uma companhia moderna e dinâmica. O resultado? Uma economia acima de 1 milhão de reais durante o período do leasing.

Nunca se esqueça: quem pensa e age como empreendedor sempre vai ter uma atitude positiva. Tenha consistência nas suas ações, busque avançar sempre. Se o local em que você trabalha não lhe proporciona isso, mude de empresa. Busque uma que permita que você se desenvolva, sendo plenamente responsável pelos seus resultados.

Mais uma ideia nesse sentido: peça ao seu gestor para ver a performance passada de projetos, prazos e resultados de sua posição e área antes de você chegar. Qual era a expectativa da companhia? Como as coisas eram feitas? Como ter mais eficiência e gerar melhores resultados daqui em diante?

Pouca gente faz essas perguntas aos seus gestores. E o que é pior: me arrisco a dizer que boa parte dos líderes não teria essas respostas para apresentar ao time. Vejo muitos problemas de definição de metas claras, comunicação e transparência na alta gestão, de modo geral. Mas isso não quer dizer, claro, que você não tenha como buscar essas informações. Você pode, por exemplo, fazer *benchmarking*, conversar com colegas que trabalhem em outras empresas, consultar pesquisas e análises de seu setor, procurar ajuda em associações de classe etc. Ser curioso e querer se superar, como já destacamos ao longo deste capítulo, é fundamental.

FAÇA PROPAGANDA

E aqui vai mais uma recomendação a partir da minha trajetória, que começou como funcionário com cabeça de dono: faça propaganda da sua empresa, não perca nenhuma oportunidade nesse sentido. Se você não tem orgulho do seu local de trabalho, procure outro. Seja um embaixador da marca.

Vendi a minha imobiliária Duek Realty LLC para a ONE Sotheby's International Realty em 2020, eu e meu time nos tornamos uma das equipes associadas de agentes imobiliários da ONE Sotheby's e agora falo muito bem dessa empresa e marca. Em 2021, a subsidiária da Sotheby's International Realty na Flórida foi uma das que mais cresceram em vendas e aluguéis de imóveis de todo o mundo: 150% sobre o resultado do ano anterior. Fiz questão de fazer um post no LinkedIn registrando o meu orgulho em fazer parte dessa história vencedora.

Isso me trouxe algum benefício direto? Não, já tenho um contrato assinado de de longo prazo de associação com a marca. Agi assim porque realmente acredito na seriedade do trabalho deles e porque sei da importância de estar envolvido para fazer as coisas acontecerem.

E isso você também pode fazer por meio de suas redes sociais, no churrasco, na praia, no avião, quando puxar conversa com quem está sentado ao seu lado. Divulgue ações, serviços, campanhas, marcas, reportagens. Conte ao mundo tudo o que sua empresa faz e tem de positivo. Essa é uma atitude empreendedora, mas poucos agem assim. De alguma maneira, nem que seja o efeito de um grão de areia a mais, sua empresa vai se fortalecer. Imagine se cada uma das dezenas, centenas ou milhares de pessoas que trabalham para uma empresa falassem com frequência sobre ela em suas relações diárias, e o grande efeito positivo que isso agregaria para o seu negócio em termos de visibilidade, reputação, boca a boca, vendas e possíveis novas parcerias. Se a empresa crescer, nem que seja por osmose, você vai crescer junto.

Seja um agente transformador, ajude a promover o desenvolvimento da sua empresa. Em caso de disputa por uma vaga, diante de uma oportunidade de promoção, isso será critério de desempate, vai pesar a seu favor.

Nenhuma faculdade ensina isso, nunca vi uma disciplina que oriente os alunos a terem cabeça de dono nos cursos de gestão e negócios.

Não fique preso ao básico, vai ser ótimo para a companhia e para você, pode apostar.

NO RESTAURANTE

Estou falando aqui de um tipo de mentalidade que pode ser aplicada em qualquer área e empreendimento, por qualquer profissional.

Veja o exemplo de um garçom. Se no cardápio há um prato de massa com camarão que é 50% mais caro que a sua versão básica, sem o fruto do mar, por que não o oferecer aos clientes? Eles podem escolher livremente o que comer, a opção por gastar mais ou menos é do consumidor, mas isso não impede o garçom de apresentar produtos mais elaborados.

Ainda no restaurante, o mesmo garçom, ou qualquer outro funcionário, pode e deve ter a sensibilidade de mudar a música ambiente se considerar que aquela que está tocando não é a mais adequada. Canções mais agitadas podem não funcionar muito bem no início da noite, quando há mais famílias, inclusive com crianças, jantando.

Pequenas ações assim, somadas, fazem muita diferença ao longo do tempo. São elas que vão fazer de você um colaborador acima da média, alguém respeitado pelos gestores e pelos colegas.

Pouco a pouco, você vai construindo a sua carreira, fazendo o seu progresso. Não precisa ficar ansioso, não há pressa. Apenas faça mais do que é esperado de você, tenha um desejo verdadeiro em colaborar mais, e o seu retorno por conta disso, de algum modo, virá. Ou seja, a mensagem que desejo que fique gravada em sua mente é: tudo o que você fizer em prol de sua empresa em algum momento vai beneficiá-lo também. Se a companhia prosperar com a sua contribuição, mais cedo ou mais tarde você vai crescer também. De fato, isso é uma verdade e sempre aconteceu em minha carreira e na de outras pessoas que acompanho há muito tempo. Tome nota disso!

Seus resultados serão sempre consequência de suas atitudes.

No próximo capítulo, conversarei com você sobre como você pode acelerar o seu crescimento de carreira em médias e grandes empresas.

@andreduek

É preciso ter curiosidade e iniciativa se quiser ir adiante, se quiser prosperar em sua carreira.

CAPÍTULO 3

O que é imprescindível para alavancar sua carreira em grandes e médias empresas?

A lógica do passado, de ficar aguardando ser reconhecido para ser promovido, acabou. Acredito plenamente que você tem em suas mãos o poder de criar condições para impulsionar sua carreira. Vamos falar de algumas alavancas (comportamentos estratégicos) que considero bastante eficazes para o seu salto profissional.

Assim como, por exemplo, você é proativo e dedica tempo para cuidar de sua saúde e para aprender tudo o que pode para ser cada vez melhor em uma atividade de lazer, com esse capítulo, quero estimulá-lo a pensar e agir de modo intencional para que tenha maior controle sobre os rumos da sua carreira. A ideia aqui é não deixar apenas o destino, o acaso e a vontade de outras pessoas determinarem seu futuro profissional. Se você não entender que você é o maior interessado e responsável pelo crescimento da sua carreira e não tiver atitudes condizentes, sua vida profissional vai caminhar a passos de tartaruga, se é que vai sair do lugar. Desculpe a franqueza, mas todos que alcançaram posições elevadas e de liderança em suas empresas não ficaram esperando a boa vontade dos outros e aguardando as oportunidades surgirem. Ao contrário, aprenderam a nutrir em si uma vontade muito forte de avançar e realizaram as ações e os movimentos necessários para abrirem avenidas de crescimento. Quero já lhe propor um desafio que você só fará assim que terminar a leitura deste capítulo: identifique pelo menos mais três a cinco alavancas que podem levá-lo longe em sua vida profissional e pense o que pode fazer para colocá-las em ação.

VOCÊ TEM VISÃO DE FUTURO E ESTÁ DISPOSTO A SAIR DA MÉDIA E ATUAR ALÉM DELA?

Aos 18 anos, se você me perguntasse qual era o meu sonho, a resposta seria uma só: ser o CEO da empresa. Uma meta que consegui realizar aos 33 anos, em 2006, na Forum, após quase duas décadas, sendo promovido praticamente uma vez por ano. Não importa qual é a sua idade e sua posição atual na empresa, o que importa é você saber o que deseja para sua carreira, aonde quer de fato chegar. Você não precisa escrever um planejamento longo e detalhado, mas precisa descobrir e saber com clareza "O quê?, Como?, Em quanto tempo? e Quem?" para ter o foco necessário para fazer seu plano acontecer.

Para chegar lá, eu fiz mais, muito mais do que a minha parte. É preciso ir além do que é esperado de você. Já conversamos um pouco sobre isso no Capítulo 2 e vamos avançar nessa reflexão nas próximas páginas. Quero compartilhar algumas experiências que vivi.

Para começar, lembre-se de que é preciso estudar mais, trabalhar mais, executar mais, entregar mais... Ou seja, sempre ir além. A empresa precisa olhar para você e perceber que, como profissional, você é muito valioso porque entrega, em termos de ganhos de resultados e economia de recursos, muito além do que custa. A empresa se sente em dívida com colaboradores assim, e tende a preservá-los em seus quadros e a investir neles por meio de treinamentos e promoções. Repito para você não esquecer: para se tornar único na companhia, você precisa sentir que está ganhando menos do que mereceria em comparação com o que agrega de valor em termos de produtividade e resultados para a empresa. Quando acontece essa situação, normalmente os seus superiores vão perceber que estão em dívida com você. Assim, provavelmente você obterá mais promoções do que seus colegas.

Tenha em mente, ainda, que você pode e deve ajudar a melhorar os processos. Aprenda a fazer isso. Faça cursos, participe de palestras, siga pessoas que considera referências nas redes sociais. Hoje em dia ficou muito fácil ter acesso a conteúdo de altíssima qualidade, muitos conhecimentos são disponibilizados de graça. É só você querer aprender, querer se qualificar continuamente. Inspire-se, aprenda e depois volte para propor novidades na sua empresa, mudanças que façam a diferença. Estude a sua companhia, aliás, entenda como as coisas funcionam nela, esteja minimamente por dentro do que está acontecendo em todas as áreas, vá fundo nisso.

Criada em 1975, a Triton (primeira marca do grupo) foi ter o seu primeiro sistema de fluxo de caixa em 1998, e fui eu quem o implantou quando ainda era gerente financeiro. Por isso digo: estude os processos da sua empresa, pense no que pode ser melhorado e mostre ao seu gestor, aos pares e colaboradores de outras áreas por que motivo vale a pena mudar determinado jeito de fazer algo. Se você já gerencia uma equipe, diga às pessoas por que elas são importantes, que benefícios podem trazer, dê espaço para proporem mudanças e, se fizer sentido, deixe-as executar.

Há vinte anos, as pessoas tinham medo de usar sistemas como a assinatura digital eletrônica, por exemplo. Lembro que precisei convencer a minha mãe, que era *controller* da Forum, de que aderir à ideia nos traria economia de tempo e dinheiro. Ela não considerava aquele um método seguro. Tive que estudar muito, entender todas as possibilidades envolvidas, para convencer a ela e ao restante da equipe. Estudar e apresentar todas as simulações possíveis, para que não restassem dúvidas.

Outro exemplo bom nesse sentido: havia uma prática antiga de termos sempre 1 milhão de reais em saldo na conta da empresa para eventualidades. Fiz as contas e mostrei o quanto isso renderia por ano se o dinheiro fosse minimamente bem investido em uma aplicação de renda fixa com liquidez diária; nós não precisávamos ter aquilo tudo parado na conta-corrente.

Perceba que tudo isso envolve primeiro a observação e depois a análise de uma situação para que em seguida seja apresentada uma solução. Ninguém precisa reinventar a roda para conseguir isso. No básico mesmo, no dia a dia da operação, sempre é possível melhorar alguma coisa.

Muitas vezes, os gestores gastam mais ou perdem tempo simplesmente porque não sabem por que estão fazendo algo de determinada maneira, por não terem informação a respeito de melhores práticas. Ajude quem você puder a enxergar qual prática pode se tornar mais eficiente. E pode começar fazendo isso em doses homeopáticas, com uma ação aqui e outra ali. Não é preciso sair querendo fazer mudanças profundas.

CINQUENTA IMPRESSORAS

Nos anos 2000, mais ou menos a partir de 2004, criei junto com outros colaboradores um programa de fidelidade, um "cheque bônus Forum" para que o cliente pudesse voltar à loja e ganhar como desconto uma parte do valor pago na compra anterior. Uma espécie de *cashback*, digamos assim. Tivemos um bom retorno com essa iniciativa.

Outra ação que merece ser destacada para que você entenda a importância de estudar os processos e ajudar a melhorar as coisas foi a redução dos nossos custos com impressão em papel. Tínhamos mais de cinquenta impressoras espalhadas nas diferentes áreas da empresa, um número, a meu ver, muito alto. Não havia nenhum controle ou orientação aos gestores e colaboradores sobre o que deveria ser impresso ou não. Apresentei um plano de mudança e passamos a ter duas centrais de impressão e nada mais. Estabelecemos alguns critérios de impressão e orientamos a todos na empresa sobre como proceder. Reduzimos muito o número de aparelhos e um deles ficou para uso exclusivo da diretoria. Resultado: o número de impressões caiu 30% com a medida, de modo que economizamos muito em papel, tinta para impressão e manutenção de máquinas.

Como mais uma prova de que as coisas podem ser melhoradas, dessa vez foi uma operação conjunta, envolvendo muitas pessoas além de nosso pequeno grupo: mudar a arquitetura e a maneira de apresentação das vitrines das lojas.

Começamos a perceber que as nossas vendas variavam muito de uma loja para a outra, principalmente por conta do trabalho dos gerentes de cada local. Avaliamos que não era saudável essa dependência excessiva do trabalho desses profissionais e que isso poderia ser mais bem organizado, com a padronização de alguns processos.

Muitos clientes, por exemplo, olhavam as nossas vitrines, mas não entravam para comprar. Discutimos a questão em grupo e, depois, trocamos a iluminação, aumentamos o tamanho das portas de entrada, mudamos os displays dos preços e passamos a renovar as peças expostas com mais frequência.

Nada disso, nenhuma dessas situações, tinha a ver com a minha função direta na empresa. Eu fazia tudo em parceria com os gestores e colaboradores de outras áreas, o que era muito saudável, afinal, quem vê um setor de fora, sem o "olhar viciado", muitas vezes consegue ver aquilo que quem está dentro não enxerga.

Percebe agora que trabalhar mais não é ficar mais horas no escritório, mas, sim, trabalhar melhor do que os outros, com mais entrega, produtividade, resultados?

ALMOÇO NO QUILO

Neste momento, você deve estar me perguntando: "Mas, André, como exatamente encontrar essas oportunidades de aprimoramento dos processos? Como descobrir o que fazer, como colaborar para a empresa ser melhor?".

Converse com as pessoas de diferentes áreas; fale com os clientes e fornecedores, mesmo que você não trabalhe diretamente com produção, logística, marketing e vendas; busque observar a empresa como um todo. Tenha mais interesse, seja mais curioso, olhe a companhia como se você fosse o dono. Não trate o seu trabalho apenas como um emprego, fazendo só o que é esperado de você.

É nas situações informais que ficamos sabendo das coisas. Na minha época de Forum, todos os dias eu almoçava no restaurante por quilo com uma pessoa diferente. Jogar futebol com pessoas de todas as áreas ajudava também.

O Tufi, por exemplo, gostava de ir diretamente às lojas, conversar com os vendedores, aqueles que sabiam, antes de todo mundo, o que estava acontecendo. Eram esses profissionais que diziam a ele, em primeira mão, que a

Zoomp estava parcelando o pagamento em quatro vezes sem juros e assim por diante.

Saia da sua bolha, observe a companhia em sua totalidade, e as oportunidades ficarão claras para você.

Hoje vejo o quanto eu valorizava o meu trabalho na Forum, comemorava cada ano passado lá. Ao todo, foram vinte e um. Tinha muito medo de perder o emprego, queria fazer mais do que os outros, ser considerado "barato" para a empresa pelo que eu ganhava e pela minha capacidade de entrega, pelos resultados que gerava.

Era uma atitude de autodefesa minha, não queria ser cortado. Além de trabalhar fazendo mais do que o meu melhor, sempre mais, eu também cuidava do meu marketing pessoal: a cúpula da empresa precisa saber o que você está fazendo, nunca se esqueça disso.

Assim, quando vinha uma crise e havia corte de funcionários, eu não só permanecia, como também era promovido. Muitas vezes, assumia o lugar de quem saía, ganhando menos e dando mais gás ao cargo. Ia para a vaga de alguém que ganhava 8 mil reais ganhando 5 mil, por exemplo. Ou mesmo não ganhando nada mais além da responsabilidade. Fosse como fosse, eu fazia questão de bater na porta dos meus superiores e agradecer pela oportunidade.

Isso aconteceu umas dez vezes. Eu era um curinga, um colaborador valioso para a empresa, que poderia assumir novas funções em outras áreas.

SEM CONFLITOS DE INTERESSE

Outro ponto importante para que você possa alavancar a sua carreira em uma grande empresa é evitar conflitos de interesse.

Quando comecei a correr com kart, alguns fornecedores da Forum quiseram me patrocinar. A todos dizia que não adiantava fazer isso e subir o preço do fornecimento. Fui crescendo nas corridas e cheguei à Stock Car, em que o patrocínio era mais caro.

Na época, uma empresa de transporte de carga, que também era minha apoiadora nas pistas, recebia de nós como pagamento 2% sobre o valor da mercadoria. Precisávamos reduzir esse percentual, afinal de contas, o nosso volume de entrega era aproximadamente de mais de 3 milhões de peças por ano.

Conversei com várias empresas, e uma delas ofereceu 1% para nos atender. Somente naquele ano, a economia seria de mais de 2 milhões de reais. Ao explicar a negociação para o Isaac, ouvi que ia perder o patrocinador com a mudança. De fato, abri mão do apoio deles, não considerei correto continuar. Perdi o patrocínio, mas a empresa ganhou muito com isso, e eu consequentemente fui reconhecido por essa negociação.

TENHA UMA BOA NOÇÃO DE FINANÇAS, MARKETING E VENDAS

Além de agir sempre com ética, evitando benefícios pessoais, aqui vai outra recomendação importante: entenda de finanças, marketing e vendas.

Estamos falando de três funções ligadas e muito básicas, fundamentais para o crescimento de um negócio. É essencial, por exemplo, gastar menos e ganhar mais. Assim como divulgar aquilo que estamos fazendo. Os seus filhos sabem o que você faz na sua empresa? A sua família compra as suas ideias, vibra com os seus projetos? Pense um pouco nisso.

Assim como, para mim, quem faz a faxina da loja pode vender ou deixar de vender se der ou não bom dia para o cliente que está entrando no estabelecimento. Está tudo ligado.

Leia sobre esses assuntos, pesquise, estude, procure entender, ter uma visão integral da empresa, como já recomendei anteriormente.

Ao fazer tudo isso, não se esqueça de compartilhar a informação. Tem muita gente que, por insegurança e autodefesa, volta de uma viagem de trabalho a Londres, por exemplo, e diz aos colegas apenas que fez frio. Por que não comentar sobre aquela ideia boa, inovadora, que viu na Harrods, uma das lojas mais famosas do mundo?

Nunca tive medo de contar tudo o que sei, de apresentar as novidades, aquilo que fosse bom para a empresa.

TENHA MENTORES

E aqui vai mais uma orientação: tenha mentores. Aos 13 anos, o meu melhor amigo era um cara de 22, o Altair, um amigo de verdade e companheiro até hoje. Agora entendo que, mesmo sem saber, ele era, para mim, um mentor. Era aquela pessoa que me contava do trabalho, das viagens que fazia, que morava em um bairro melhor do que o meu e estudava em escolas melhores do que as que estudei. Aprendi de maneira informal, em nosso convívio, sobre carreira, bons comportamentos e a ter atenção com as pessoas.

Gostava e gosto ainda de ter amigos mais velhos, pessoas para quem posso ligar e compartilhar os desafios.

Se via uma palestra interessante, ia lá e conversava com o palestrante depois, por exemplo. E aqui não é uma questão apenas de pedir, de perguntar alguma coisa gratuitamente, sem dar nada em troca. Mostre interesse genuíno, ajude também, arrume as cadeiras antes de o evento começar se você chegar mais cedo que o palestrante no local, recomende o trabalho dele para outras pessoas, para outras empresas.

Tenha mentores experientes, pessoas que possam ajudar você em importantes decisões de vida, carreira e negócios no dia a dia. Tive isso, por exemplo, na minha mãe, que me ensinou que ter fé está relacionado a confiar, a acreditar que a sua hora vai chegar, desde que você faça por onde. Com o Isaac, tive uma excelente mentoria sobre gestão racional dos negócios. Já o Tufi me ensinou muito sobre o lado emocional dos negócios, sobre como trabalhar a marca, criar paixão nos clientes e o valor de uma cultura organizacional voltada ao bem-estar dos colaboradores. Com o consultor, mentor e autor João Cordeiro, aprendi muito sobre gestão de pessoas e performance. Já o Alberto Serrentino, consultor e expert em varejo, me ensinou valiosas lições sobre planejamento estratégico e vendas. Todos contribuíram para que eu estivesse onde estou atualmente, para que me tornasse o empreendedor que sou.

Não tenha medo de se aproximar das pessoas que admira para aprender com elas. Diga abertamente e de maneira genuína o quanto elas o inspiram e fale que você gostaria de ter a oportunidade, se possível, de conversar dez a quinze minutos com elas por mês ou a cada dois a três meses, para lhes fazer algumas perguntas e poder aprender com sua rica experiência. As pessoas que são bem-sucedidas em seus negócios um dia já foram como você, queriam entender como esse mundo funciona e enfrentaram muitas dificuldades para conquistar seu espaço no mercado. Então, se você pedir ajuda para aprender com a experiência delas, terá uma boa chance de ser atendido. Tente e veja o que acontece!

Além disso, o mundo atual lhe oferece várias oportunidades de ter acesso a diversos tipos de pessoas. Lembre-se de que não existe apenas o encontro presencial: você pode aprender com as mentes mais brilhantes de hoje, por exemplo, por meio de seus livros, vídeos, cursos e treinamentos on-line. As possibilidades de acesso a mentoria de alto nível de graça ou a preços módicos são várias. É só você se interessar em buscar e começar já seu aprendizado.

QUASE VENDEDOR

Por um tempo, quando tinha 18 anos, trabalhei em uma loja da Forum no Shopping Center Norte, em São Paulo, das 18 às 22 horas. Era um trabalho extra, que eu fazia depois do expediente no escritório. O meu tio José era gerente da unidade e me perguntou se eu não queria ser vendedor em tempo integral.

A proposta era boa, ia ganhar o dobro do que recebia e aceitei. Comuniquei a decisão ao Isaac, que me perguntou apenas se era aquilo mesmo que eu queria. Eu disse que sim, e ele falou que estava tudo bem por ele. Como próximo passo, fui comunicar a decisão ao Tufi. Ele olhou para mim e disse: "Esquece! No máximo, daqui a dez anos, você vai ser gerente ou supervisor de loja. Será que é isso que você quer? Você tem potencial para muito mais, trabalhando aqui na matriz".

Para completar, ele disse ainda que o meu salário estava bem defasado e me deu um aumento. Fiquei, claro. Ele ainda fez questão de pagar, do próprio bolso, não dos cofres da empresa, a minha faculdade de Administração.

Ele tinha razão. Eu continuei focando o desenvolvimento do meu trabalho no escritório central da empresa, o que não deixei de fazer um minuto sequer. Mais adiante, quando completei 25 anos, fui aprovado em um processo seletivo interno para ser gerente de Marketing da Forum. Vibrei com essa conquista!

Mais uma vez, o Isaac disse "tá bom". E o Tufi me orientou a não migrar de área: "Quando você vai entender que um dia vai ser o diretor desta empresa?"

Aceitei o meu caminho, que construí com muita dedicação, sem qualquer privilégio por conta do meu sobrenome. Pelo contrário, eu levava mais broncas, e o Tufi, Isaac e minha mãe exigiam o dobro ou triplo de mim.

Se chegava atrasado, o que era muito raro, meu cartão de ponto era recolhido e guardado na sala do Isaac, que fazia questão de dizer que eu tinha que dar o exemplo e chegar antes de todo mundo. O atraso era descontado do meu salário.

Se os funcionários tinham 30 reais de verba para gastar em um almoço por conta da empresa, eu só podia gastar 20 reais. E assim por diante.

Desafios à parte, ser um Duek é, para mim, motivo de orgulho. Uma marca de resistência, dedicação e empreendedorismo. Reconheço a força do meu trabalho e o quanto ajudei a fazer da empresa da minha família um case de sucesso na indústria da moda e do varejo do Brasil.

No próximo capítulo, vamos falar de boa comunicação, trabalho em equipe e liderança. Sem eles, sua carreira não deslanchará.

@andreduek

Saia da sua
bolha, observe
a companhia em
sua totalidade,
e as oportunidades
ficarão claras
para você.

CAPÍTULO 4

Sem boa comunicação e colaboração com as pessoas, sua carreira não deslanchará

Comunicar-se bem é essencial para o crescimento da sua carreira. Um bom comunicador se expressa de maneira clara, educada, assertiva e persuasiva. Tem mais chances de suas ideias e soluções serem bem-aceitas, assim como tende a conseguir maior influência em decisões importantes e melhores resultados em negociações diversas.

A boa comunicação possibilita que você e colegas de trabalho troquem informações, trabalhem juntos e construam relacionamentos melhores e baseados em confiança. Ao se comunicar com eficácia, você é capaz de convencer pares e chefes a apoiarem seus pontos de vista e a colaborarem com você para o alcance de metas estabelecidas.

A ótima comunicação também faz a sua autoestima e visibilidade no ambiente de trabalho aumentarem. Ao se expressar bem, você é percebido de maneira positiva pelas pessoas e passa a ser mais requisitado por elas, ou seja, você se destaca e elas sempre vão querer tê-lo por perto. A excelente comunicação contribui ainda para você ficar mais seguro e confiante para lidar com os problemas e desafios do dia a dia, já que você conseguirá, com relativa facilidade, contar com o apoio e a ajuda dos outros para resolvê-los.

Veja o quanto se comunicar bem é estratégico para o seu sucesso profissional.

NÃO FALE APENAS DE TRABALHO

A boa comunicação profissional, a meu ver, não é aquela estritamente focada em assuntos de trabalho. Pelo contrário, é baseada no interesse genuíno pelas pessoas, tanto por suas questões pessoais como profissionais, e, por isso mesmo, motiva e estimula o trabalho em equipe.

Ela pressupõe que todos possam falar e ouvir, ou seja, é uma via de duas mãos, sempre. Se só você falar e não estiver disposto a ouvir com atenção os outros, você não vai ter a confiança deles, não vai conseguir influenciá-los de maneira positiva, não vai obter a colaboração de boa vontade quando precisar.

É importante estar atento, sentir o momento de cada um, dar atenção. Sempre soube, na minha equipe, quem estava com a mãe doente, quem devia dinheiro ao banco, quem estava enfrentando problemas no casamento. No caso da mãe com a saúde debilitada, por exemplo, eu só ia parar de perguntar pelo estado de saúde dela quando a própria tivesse alta do hospital. Não era uma questão de educação, mas de humanidade, de compreensão de que está tudo ligado.

Considero essa aproximação fundamental em qualquer time: não somos máquinas, mas pessoas que trabalham e convivem melhor com respeito e consideração umas pelas outras.

Para mim, era natural e agradável fazer churrascos na minha casa e convidar todo mundo. Todo o time da área financeira da Forum, por exemplo, foi convidado para o meu casamento, independentemente do cargo ocupado.

Por isso, muitas vezes, em caso de propostas de trabalho vindas da concorrência, as pessoas pensavam duas, três vezes antes de aceitar: valeria a pena deixar um ambiente de trabalho tão bom para ganhar um pouco mais? Na maioria dos casos, elas preferiram ficar.

Essa lógica da comunicação atenciosa e próxima não se aplica apenas aos colaboradores, mas também aos líderes, fornecedores, parceiros comerciais e clientes.

Ser um bom comunicador é básico para quem quer desenvolver uma carreira de alta performance. Por meio da comunicação, você tem a oportunidade de se importar com as pessoas e saber quando um par, colaborador de sua equipe, cliente ou fornecedor não está bem. É preciso ainda aprender a lidar com as frustrações alheias, dar apoio.

Lembre-se sempre de que a boa comunicação humaniza, fortalece as relações, gera confiança e cria vínculos de longo prazo.

SEJA TRANSPARENTE

Além da atenção em si, do interesse verdadeiro pelo outro, é essencial ser transparente na divulgação das informações. Há vinte anos, a transparência não era um valor nas empresas como é hoje.

Por ter sido sempre um executivo cuidadoso com a comunicação e alguém que sempre se interessou pelas pessoas e buscou ajudá-las quando precisassem, fui promovido a diretor e assumi a área de Recursos Humanos da Forum em 2006. Era considerado habilidoso, por exemplo, na hora de conversar com um colaborador para avisar que o desempenho dele estava abaixo do esperado e que a empresa daria a ele a chance para que as coisas mudassem.

Em muitos casos, sentindo que não seria possível mudar, a própria pessoa pedia demissão. Tenho orgulho de dizer que quase nunca tivemos ações trabalhistas quando fui diretor de RH, vice-presidente, CEO da Forum ou sócio na marca Carina Duek, que ajudei a fundar em 2008.

Percebe o quanto a boa comunicação motiva os outros a agir? Se você tem uma meta desafiadora para o seu time, por exemplo, procure falar sobre isso no melhor estilo "vamos lá, vamos conseguir".

Eu gostava de prometer um presente para cada um, do meu próprio bolso, caso o objetivo fosse alcançado. Chamava as pessoas para almoçar depois, para comemorar, e pagava a conta. Não é reunir as pessoas e apenas dizer: a meta é tal e se virem. Isso não funciona com ninguém.

Saber conversar é essencial. É por meio da boa comunicação que incentivamos as pessoas a acreditar e a dar o seu melhor. Assim como, por intermédio dela resolvemos conflitos, diferenças e mal-entendidos que acabam economizando muito dinheiro para a empresa.

E foi assim, conversando, que eu consegui resolver um problema antigo de ações judiciais de renovação de contrato de aluguel das nossas lojas em shoppings. Até então, 90% dessas renovações terminavam na Justiça.

Diante desse cenário, agendei uma reunião com uma representante de um dos maiores grupos de shoppings do país. Foi muito fácil chegar a um acordo. E sabe o que essa executiva me disse? Que isso nunca tinha acontecido antes porque aquela era a primeira vez que ela conversava com alguém da Forum. As pessoas simplesmente não negociavam, ambos os lados não conversavam e não colocavam suas expectativas na mesa para estabelecer um meio-termo, sequer tentavam dialogar. Sou amigo dessa executiva até hoje.

Fiz o mesmo com o representante de outro grupo grande de centros comerciais no Brasil. Deu tão certo que esse homem, um senhor, mais velho do que eu, passou a me chamar de "Andrezinho". Foram alguns milhões de reais economizados com advogados, custas judiciais e indenizações.

QUESTÃO DE SEGURANÇA

Houve outros episódios nos quais a minha habilidade como comunicador me levou a colher bons frutos. Certa vez, quando ainda era gerente, um porteiro da Forum me chamou para tomar um café, queria conversar comigo.

Fomos até uma padaria perto da empresa e ele me disse ter ficado sabendo que "tinha uma pessoa armando para me sequestrar".

Passei seis meses andando com segurança e carro blindado. Nunca vou saber o que poderia ter acontecido se aquele homem não tivesse me alertado do risco. Só sei que tomei conhecimento da possibilidade porque me comunico bem com as pessoas, porque procuro ser atencioso com todo mundo, porque sempre tratei o porteiro com atenção.

O PREÇO DO ALGODÃO

Além de preservar a minha segurança pessoal, ter boa comunicação com as pessoas me levou a descobrir informações importantes para a empresa em muitos momentos.

Se participava de um evento com o pessoal da Santista, que eram nossos parceiros, sabia que o preço do algodão ia subir e contava, em primeira mão, para o Tufi.

Ia a todas as festas, não perdia um casamento, procurava estar perto das pessoas de todos os círculos: de colaboradores a clientes e fornecedores.

Para isso, nunca segui uma metodologia específica, apenas fui fiel aos meus princípios. Abaixo, compartilho alguns deles com você:

- **Seja claro, direto e verifique se o seu interlocutor ou interlocutores compreenderam o que você disse.**
- **Se perceber que o clima está tenso em uma reunião, você, como líder, peça uma pausa para um café e converse um pouco com aquela pessoa que está estressada.**
- **Ajude como puder quem estiver com problemas, sejam eles pessoais ou profissionais.**
- **Se importe com as pessoas e dedique tempo para escutá-las.**
- **Vá além da comunicação básica, do "bom dia" ou do "tudo bem?". Converse de verdade com as pessoas. Em um a dois minutos que seja, é possível estabelecer um bom diálogo.**

Tudo isso vai ajudar você a criar vínculos com as pessoas, o que é um prazer e uma vantagem competitiva enorme.

Calculo ter conhecido mais de 5 mil pessoas em vinte e um anos de Forum: da alta cúpula aos office boys, sabia o nome de todo mundo. Muitas dessas pessoas eu pude ajudar, muitas me ajudaram também.

Ser atencioso e ter acesso às pessoas também ajuda a lidar com situações delicadas, como a demissão. Para conduzir processos demissionais, procurava aliviar as coisas oferecendo, por exemplo, apoio para a recolocação profissional da pessoa.

Falava com o RH antes e pedia que fosse elaborado o currículo da pessoa, que seria enviado, por iniciativa nossa, para grandes sites de empregos. Se fosse o caso, indicava a pessoa para outras companhias.

Sempre quis ver a Forum nas listas das melhores empresas para se trabalhar no país da revista *Você S.A.* Pena que não deu tempo: a empresa foi vendida antes.

Cuidar das pessoas, como você já deve ter percebido, é muito importante para mim.

Nunca gostei de ir a reuniões acompanhado de advogados, como se já estivesse pronto para entrar na Justiça. Achava melhor ir sozinho, o que indicava à outra parte a minha disposição e abertura para conversar.

PRIMEIRO, OLHE PARA SI MESMO

Se estamos falando de comunicação, preciso destacar ainda a importância de dar feedback para os colaboradores. Sabendo conversar, é possível tocar em qualquer assunto. Mas isso desde que você primeiro olhe para si mesmo: veja se você treinou a pessoa corretamente, se faltou alguma orientação. Que esse feedback seja feito primeiro de você para você mesmo.

Eu me lembro de um excelente vendedor da Forum, mas um colaborador muito desorganizado, que foi promovido a gerente. Foi demitido três meses depois. De quem foi o erro? De quem o promoveu, já que ele não tinha perfil para a gerência. Não conseguia sequer chegar para trabalhar no horário. Era uma pessoa que estava na posição errada e que não havia sido devidamente preparada para o novo cargo.

DE CIMA PARA BAIXO

Seja cuidadoso com as pessoas, seja próximo. A boa comunicação já começa por aí. Não olhe ninguém de cima para baixo, aproxime-se das pessoas.

Se for promovido, não mude radicalmente de hábitos. Continue almoçando com os seus colegas, siga no futebol todas as semanas (ou a cada 15 dias se o seu tempo ficar muito curto), vá aos happy hours como sempre foi, não deixe de frequentar o restaurante de comida a quilo.

Lembro que quando fui promovido a um cargo de direção na Forum pela primeira vez, continuei cortando o cabelo no Betão, dono de um salão pequeno na frente da fábrica, comendo pastel na feira e tomando café na padaria ali perto.

Entendo que ninguém deve usar dois chapéus: um para a pessoa física e outro para a jurídica. Sou o mesmo em qualquer situação, não tenho mais de um jeito de ser.

Procure ser leve. Com as redes sociais, ficou ainda mais fácil manter contato com os conhecidos, ser gentil, elogiar o trabalho dos outros. Quem não gosta de se sentir valorizado?

Considero importante o bom uso do on-line sem perder a noção de que o contato presencial, muitas vezes, faz toda a diferença.

Entendo que o mundo muda todos os dias e nós temos que nos adaptar, mas não se esqueça de priorizar a criação de bons vínculos com as pessoas. Invista tempo nisso e observe o retorno para sua vida e carreira, você não vai se arrepender.

No próximo capítulo, vou falar de algumas barbaridades que você não pode cometer no ambiente de trabalho sob pena de levar seu crescimento profissional por água abaixo.

@andreduek

Lembre-se
sempre de que a
boa comunicação
humaniza, fortalece
as relações,
gera confiança
e cria vínculos
de longo prazo.

CAPÍTULO 5

Barbaridades que podem acabar com sua carreira

Falamos nos últimos três capítulos do fundamental que você precisa saber e nunca pode esquecer para avançar em sua carreira. Contudo, além de conhecer e aplicar boas práticas, considero que também é muito importante você estar bem consciente de comportamentos, posturas e ações que podem arrasar sua carreira. Caso você esteja cometendo alguns desses erros, minha recomendação é que imediatamente reveja as coisas e mude.

Você deve evitar essas barbaridades sob pena de comprometer sua reputação profissional e perder a confiança e o respeito de colegas e gestores. Saiba que cometê-las pode fechar as portas para a obtenção de promoções e outras oportunidades de crescimento de carreira, além de que atitudes inapropriadas se espalham com rapidez tanto internamente na empresa como para outras companhias e redes sociais, o que com certeza manchará sua imagem.

Nunca é demais reforçar que, ao agir de maneira profissional, responsável e idônea, você ganha o respeito, a confiança e a colaboração das pessoas de seu entorno.

NÃO DÊ DESCULPAS

Para começar a nossa conversa sobre as barbaridades que podem prejudicar a sua carreira, preciso dizer que ninguém cresce dando desculpas. Essa é, para mim, uma reflexão importante: não cometa esse erro.

Quem joga a sua responsabilidade nos outros apela para uma departamentalização complicada: tudo vira motivo para afirmar "não é um problema da minha área, eu não posso fazer nada". Uma mentalidade atrasada, do início da era industrial.

Quem cai nessa armadilha tem visão de curto prazo, não pensa na empresa como um todo, prejudica o próprio crescimento, acaba com o trabalho em equipe. Dar desculpas é perder o foco na solução dos problemas. Pense nisso!

Em vez de reclamar, de fugir dos desafios, procure ajudar a resolvê-los.

Um exemplo dos meus tempos de Forum. Havia três tamanhos de caixa para acomodar as nossas mercadorias: pequena, média e grande. Não era uma divisão muito eficiente: ora sobrava espaço, ora não dava para acomodar tudo o que queríamos. Pensamos em mudar o sistema e ter embalagens com uma quantidade determinada de produtos, marcada pelo número: caixa 1 para um item, 2 para dois e assim por diante. Sobraram caixas de determinados tamanhos no primeiro mês de uso do novo formato e já tinha gente reclamando da mudança. É aí que está a questão: as pessoas querem desistir sem sequer testar o suficiente, sem entender como as coisas funcionam.

Em outra ocasião, acompanhei a organização de um bazar da nossa marca, um evento disputado e que atraía mil pessoas por dia. Foi quando observei que quase todas as nossas cinquenta placas com avisos começavam com a palavra "não": "não é permitido comprar mais de cinco peças", "não é permitido provar as peças" e assim por diante. Vi aquilo e achei pesado. Sugeri que, em vez da placa dizendo que era proibido provar, um funcionário ficasse perto do banheiro, orientando os clientes que levassem as roupas para experimentar. Por que não testar uma nova possibilidade? Fui imediatamente criticado por algumas pessoas que disseram que passaríamos a ter muitos roubos. Elas não estavam abertas a pensar que, se as pessoas pudessem provar, as vendas cresceriam muito e, eventualmente, poderíamos ter um furto ou outro, porém isso representaria uma parte ínfima das vendas.

A questão é exatamente esta: estar aberto às possibilidades, não cair na armadilha da acomodação. Na minha carreira, sempre olhei além do salário, não perdia nenhuma oportunidade de crescimento e de me desenvolver para ser um profissional melhor.

Se era auxiliar de escritório e aparecia uma vaga no departamento de contas a pagar, lá estava eu à disposição da empresa. Na ponta do lápis, o aumento de 10% no salário, a curto prazo, não compensava a responsabilidade extra que vinha com a mudança, mas isso não tinha importância: sabia que não haveria outro modo de avançar na companhia. Aliás, recomendo que você elimine a frase "isso não compensa" do seu vocabulário. Mantenha sua cabeça lá na frente, no futuro.

MAIS DE VINTE ANOS NO MESMO CARGO

Assim como eu buscava ir além, vi muita gente se acomodar onde estava. Eu me lembro de um chefe de compras da empresa, um profissional competente

@andreduek

Recomendo que você elimine a frase "isso não compensa" do seu vocabulário. Mantenha sua cabeça lá na frente, no futuro.

e de elevado potencial, que recusou diversas oportunidades de qualificação e crescimento. Dizia não para os cursos oferecidos caso fossem realizados longe do escritório ou não tivessem ligação direta com a sua atividade principal. Quando entrei na Forum, como office boy, ele já era chefe de compras. Cheguei a CEO, e ele continuava no mesmo cargo, vinte anos depois.

Conheço ainda outro caso, de outra pessoa qualificada, que não quis ser representante regional, abrindo mão de um salário em torno de 30 mil reais na época, porque não queria rodar o interior de São Paulo de carro. Para ele, tudo seria ruim: os hotéis das cidades pequenas, a rotina mais corrida, tudo. Ele nunca mais conseguiu ganhar nem um terço desse salário mensal. Não recomendo isso para ninguém.

Pelo contrário: circule, amplie os seus espaços, converse com as pessoas, cresça e apareça. Pare para conversar um pouco no café, um espaço aberto a todos, basta chegar e puxar papo; é uma ótima oportunidade de conversar com gestores de cargos mais altos que o seu, com diretores, por exemplo.

Conheço dois casos, o de um estoquista e outro de um vendedor que chegaram a diretores na Forum e na Triton pela sua dedicação ao trabalho, sempre indo muito além do esperado, pela sua habilidade de conversar com os líderes da empresa, de colocar as suas ideias sem barreiras, sem medo e, o mais importante, por terem tido a coragem de testar e executar essas ideias.

Sempre abrace as oportunidades que surgirem para você, pois elas são valiosas para o seu aprendizado e desenvolvimento de sua visão estratégica como um todo. Mesmo quando não gosta de uma determinada função ou área, trabalhar nela lhe trará uma experiência valiosa para você tomar decisões cada vez melhores e ter um entendimento amplo de como a empresa funciona.

Não tenha medo de mudar de área dentro da empresa. Entre 70% e 80% das vagas nas organizações são de nível de responsabilidade básico a mediano. Se você decidir ocupar outra função e não der certo, tudo bem: sendo um bom profissional, que realmente busca fazer as coisas acontecerem, você não será demitido. Muito provavelmente terá a oportunidade de mudar e ir trabalhar em outra atividade.

Quando o Tufi e o Isaac me colocaram para ser tesoureiro, pensei que aquela seria uma posição muito sênior para mim na época, mas encarei o desafio. E, com o meu olhar novo para aquele departamento, fui apresentando as minhas ideias, ajudando a melhorar os processos.

Quando tínhamos que organizar os cheques pré-datados, por exemplo, dava um trabalhão arrancar, um por um, aqueles papeizinhos presos por clipes nos cheques onde se lia "Bom para", com a data indicada para depósito.

Isso quando o tal papel não caía no chão e já não sabíamos mais dizer qual era o dia certo a ser depositado. Assim, tive a ideia de, em vez do papelzinho, marcar cada cheque com um carimbo no seu verso, onde seria escrita a data indicada pelo cliente. Deu tão certo que todos os dias, às 15h, já estávamos com todo o trabalho de organização dos cheques pronto e podíamos até aproveitar o tempo de sobra para dedicarmos a outras atividades.

Percebe que não é preciso ser gênio para ter uma ideia assim? Basta prestar atenção a como as coisas funcionam e propor soluções.

NADA DE POLITICAGEM

Aqui vai um alerta importante para não implodir a sua carreira: fuja de politicagem. Não ser autêntico e concordar com atitudes que você sabe que não darão certo lhe causarão sérios problemas lá na frente.

A boa política requer respeito, disposição para ouvir o outro e considerar seus argumentos, sempre levando em conta o embasamento técnico. As relações devem considerar a meritocracia e não os favorecimentos. Quando você é autêntico, não vai agradar todo mundo, o que é muito natural. Aprenda a lidar com isso.

Não queira beneficiar as pessoas próximas, aquelas com quem você se identifica: fuja das "panelinhas". Acontece muito de duas áreas se juntarem para se defender, uma encobre o erro da outra. Por isso é tão importante que as empresas tenham os seus processos registrados, mapeados.

Lembro-me de uma situação, ocorrida na Forum, que ilustra bem isso. Tínhamos uma quebra de produção média de 3%. Era um percentual histórico na empresa. Na época, eu era diretor e fui conversar sobre essa questão com outro executivo, que também era diretor. Falei que não deveríamos ter quebra, que nós poderíamos buscar uma solução para isso e ele me disse que, com alguns fornecedores, o índice chegava a 7%, o que era normal.

Junto com outro executivo, ele fez um combinado de comprar 10% a mais de produto, assim não teríamos perdas nas vendas. Acontece que, na coleção daquele ano, não teve tanta quebra na entrega. Conclusão: sobraram 100 mil peças. Foi um rombo absurdo no planejamento da empresa. Uma medida desse tipo só poderia ter sido tomada se fosse uma decisão coletiva e aprovada pela alta cúpula, pelo Tufi. Não foi o caso e o resultado é que, por esse ato de politicagem, foram demitidas três pessoas do alto escalão.

Além de prestar atenção às nossas questões, ao modo como estamos agindo e nos relacionando com as outras pessoas, precisamos estar prontos para lidar com os problemas psicológicos dos outros, com as chamadas pessoas tóxicas. São aqueles profissionais que agem intencionalmente para prejudicar os outros.

Não caia na conversa deles, não se envolva, faça o que é certo. A verdade sempre aparece no longo prazo.

Quer um exemplo disso? Certa vez, durante um período de crise econômica no Brasil, o Isaac pediu uma redução de 30% das despesas em todas as áreas. Eu era gerente financeiro na época e, com muito aperto, cheguei a uma redução de 30,18% nas despesas que estavam sob a minha responsabilidade. Havia um diretor administrativo que tinha como hábito proteger seus amigos. Assim, na hora de apresentar os resultados gerais, incluindo o meu departamento, a contabilidade, o RH e o setor de TI, ele divulgou uma média geral de 15%, abafando o fato de que os seus aliados haviam cortado pouco ou nada de suas despesas.

O Isaac não se conformou e pediu que o percentual fosse revisto. Com isso, cheguei a 32% de redução no Financeiro e a Contabilidade alcançou o mesmo percentual. Então, o índice geral de redução apresentado foi de 17%.

Foi quando o Isaac me chamou para conversar e perguntou qual havia sido exatamente a minha redução. Falei dos 32% e ele obteve a mesma informação do gerente de Contabilidade. Assim, ficou claro o que estava acontecendo: o diretor responsável estava encobrindo aqueles que não haviam diminuído as suas despesas, que não tinham feito sua parte. Resultado: os gerentes de TI e RH foram mandados embora imediatamente. O diretor foi também, pouco tempo depois.

O lado bom de ter contato com pessoas assim é o aprendizado do que não se deve fazer na vida profissional. Nunca abra mão de seus valores e planos, da sua vontade de crescer.

O próximo bloco de capítulos é voltado a você que não deseja mais trabalhar como executivo e colaborador de empresas e deseja empreender. Vou falar dos fundamentos para você criar bem seu negócio e administrá-lo com inteligência na sua fase inicial.

@andreduek

Sempre abrace as oportunidades que surgirem para você, pois elas são valiosas para o seu aprendizado e desenvolvimento de sua visão estratégica como um todo.

BLOCO 2

PARA VOCÊ QUE DESEJA SAIR DA CARREIRA CORPORATIVA PARA EMPREENDER

Aqui, vou conversar com você que deseja deixar a carreira de colaborador em empresas para empreender. Vou ensinar tudo o que você deve saber para que o seu negócio tenha as melhores chances de prosperar.

Um ponto fundamental que conversaremos é sobre você internalizar que está começando a empreender do zero, não se deixando influenciar pela cabeça de executivo. Isso significa que você não deve montar um negócio com uma estrutura robusta de recursos (pessoas, tecnologia, bens de capital etc.) que resulte em custos fixos elevados desde o início. Diferente de grandes e médias empresas, a maioria dos novos empreendedores não dispõe de capital e outros recursos em abundância. Sua empresa deve, portanto, ser leve, operando com o mínimo possível de custos fixos.

Falaremos ainda sobre a sua estratégia e o planejamento essencial de seu negócio, que deve ser sucinto. Nada de escrever plano de negócios longo e detalhado. Você precisa focar a essência para começar bem. E isso tudo com várias orientações sobre execução também.

Apresentar seu plano de negócios para outras pessoas muito bem-sucedidas e que podem dar a você opiniões valiosas é outro tema fundamental que veremos. Muitas vezes, de tão imersos no dia a dia empreendedor, ficamos cegos e não enxergamos possíveis falhas e lacunas. Assim, contar com a opinião de pessoas experientes, como empreendedores, consultores e investidores, fará muito bem a você e ao seu negócio.

Veremos a importância de começar a sua empresa da maneira mais simples e enxuta possível, investindo o mínimo de dinheiro necessário e muito de seu tempo e experiência na gestão dos negócios.

Trataremos de marketing e vendas, o valor de ter sócios, já que é árduo tocar um novo empreendimento sozinho. Agora, você vai desenvolver uma outra maneira de pensar e agir.

Vou lhe mostrar ainda a grande relevância de sua rede de relacionamentos para gerar as receitas iniciais de seu negócio, ou seja, como você pode trabalhá-la para obter seus primeiros clientes.

Também vamos falar sobre como internacionalizar os seus empreendimentos, buscando fazer negócios com o exterior desde o começo.

Com ótimas ferramentas e exemplos práticos, vamos ver tudo o que você precisa saber para empreender bem, colocar o seu negócio de pé e fazê-lo funcionar nos seus primeiros momentos no mercado.

Se você não quer mais continuar sua carreira como empregado, minha missão é convencê-lo de que vale muito a pena quebrar as algemas do mundo corporativo e lhe trazer os fundamentos para você ter o que precisa para construir uma empresa com elevado potencial de dar certo, bem como ajudá-lo a pensar e agir como um empreendedor de alta performance.

CAPÍTULO 6

O que levar em conta para realizar a sua transição de colaborador para empreendedor?

Executivos e colaboradores decidem empreender por diversas razões. As principais são: estão em uma idade que os impossibilita de continuar por muito mais tempo na carreira corporativa; risco mais elevado de demissões em virtude de um número maior de reestruturações causadas por crises financeiras que se tornaram mais frequentes; estão cada vez mais cansados e impacientes para lidar com chefes e com a necessidade de fazer política; querem ampliar muito seu potencial de ganhos; desejam maior flexibilidade de agenda; sonham em se dedicar *full time* a paixões e interesses que acreditam poder ser convertidos em negócios; têm uma vontade forte de se envolver com outras funções de negócios, não mais ficando restritos apenas às atividades de uma diretoria, como ocorre nas grandes empresas.

Neste capítulo, vou lhe mostrar como conduzir a sua transição de colaborador a empreendedor. Saiba que criar o seu próprio negócio, fazê-lo dar certo e ser plenamente dono de seu destino não são coisas fáceis, pois você precisa estar atento e cuidar muito bem de alguns pontos essenciais – técnicos e comportamentais – que trataremos aqui e nos próximos capítulos deste bloco, mas afirmo, com total convicção, que empreender é uma das experiências mais especiais e transformadoras que podemos viver.

Vou, primeiro, compartilhar com você como foi a minha mudança de CEO da Forum, cargo que assumi em 2006, a empreendedor em Miami, nos Estados Unidos. Em seguida, ajudarei você a organizar sua transição, apresentando algumas orientações fundamentais para se libertar das algemas de ouro de executivo e partir para a vida empreendedora. E, para terminar o capítulo, falaremos como a sua vivência executiva pode ser valiosa na sua nova carreira empreendedora. Pronto para começar?

DE CEO A EMPREENDEDOR EM MIAMI

Ocupar a sala que era do Isaac na empresa da família, quando ele saiu do negócio, foi um marco. Era um símbolo de poder, eu sei, embora nunca tenha deixado o status subir à cabeça.

Mais adiante, em março de 2008, quando a empresa foi vendida para o Grupo AMC Têxtil, de Santa Catarina, cedi o espaço para os novos donos, que não só quiseram dividir o local comigo como ainda me fizeram uma proposta de trabalho.

Fui convidado para ser diretor executivo do grupo. Ganharia mais do que o salário à época na Forum, com muitos benefícios, e ficaria em Santa Catarina. Não aceitei: conduzi a negociação de venda até a assinatura do contrato de fechamento do negócio. Aceitar uma proposta assim estava fora de cogitação, pois, do ponto de vista moral, sinalizaria conflito de interesses para a minha família e o mercado, já que pareceria que eu havia realizado a venda da companhia para me beneficiar.

A minha vontade, havia algum tempo já, era a de empreender, mas não tinha nada montado ainda. Além disso, assumi o compromisso de ajudar o Tufi em novos negócios que ele estruturaria, por isso não fui empreender direto. Pouco tempo depois da venda da Forum, o Tufi iniciou a TD Participações, empresa que criou para gerir seu patrimônio, e me chamou para ser o seu diretor, assim como me pediu que ajudasse a minha prima Carina, filha dele, a estruturar a própria marca. Em paralelo, entrei como sócio de uma agência de marketing esportivo, a Siciliano Duek Sports, e passei a ser comentarista de automobilismo na TV, na ESPN e no BandSports. Ainda recebi um bônus pela venda da Forum e um percentual de participação na marca Carina Duek. Tinha tempo para me preparar, pensar no que ia fazer.

Eis que, em 2009, comecei a passar as férias em Miami. Antes, nos tempos de Forum, não tirava períodos longos de descanso, só alguns dias, geralmente uma semana depois do Natal e do Ano-Novo.

Gostei tanto que, em 2011, comprei um imóvel residencial lá, o que me despertou a vontade de morar na cidade. Em 2012, fui umas sete vezes a passeio, não perdia um feriado. Além de Miami, nunca tive outra opção de cidade fora do Brasil para fixar residência: o lugar onde vivo hoje sempre foi a minha primeira escolha.

E mais: ao comprar um apartamento em Miami, percebi que havia espaço para um atendimento melhor aos brasileiros que desejassem adquirir imóveis nessa cidade. Já tinha alguma experiência com compra e venda de imóveis ao acompanhar de perto algumas transações feitas pela minha família e pela Forum.

Aos poucos, tudo ia ficando claro: eu comecei a me ver morando em Miami. Passar as férias foi um test drive natural. Mentalmente, fui estruturando a minha ideia de morar e empreender nos EUA. Aliás, esta é uma recomendação fundamental para você que quer fazer uma virada de carreira: a transição mental é a mais importante. É essencial que você tenha dentro de si a convicção de que quer mudar de vida. Cuidado para não fazer uma mudança profissional movido apenas por influências e incentivos externos, pois o risco de as coisas não darem certo é grande. No meu caso, ao decidir viver e empreender no exterior, a transição foi física, mental e cultural.

Assim, em 2012, ainda trabalhando com o Tufi, eu já me sentia em contagem regressiva rumo a Miami. Em setembro, decidi me mudar para lá. Minha esposa e os meus filhos inicialmente não queriam, mas consegui convencer todos a passar pela experiência.

Comecei me tornando sócio de uma imobiliária nos Estados Unidos, a Fonseca Duek Realty, um acordo firmado em maio de 2012. Contei ao Tufi e expliquei que seria uma atividade paralela. Porém, não muito tempo depois e já morando em Miami, decidi me desligar da TD Participações e da Carina Duek, pois queria me dedicar inteiramente ao planejamento estratégico da imobiliária para fazê-la crescer.

Para mim, estava claro que eu não queria mais trabalhar com horário fixo e ir todos os dias para o escritório. Eu realmente queria me sentir o dono de um negócio, ser valorizado pelo mercado pelas minhas qualificações, competências e pelos meus resultados. Não queria mais ser percebido como o parente do dono, sonhava em ter plena liberdade para criar. Saber o que você deseja e o que não quer mais para sua vida é importantíssimo para a sua mudança de carreira.

UM CONTRATO DE ALGUNS MILHÕES DE EUROS

Logo depois que saiu o meu visto para os Estados Unidos, no final de 2012, um headhunter me procurou. Falei dos meus planos de estudar, viver e empreender nos EUA, mas ele foi logo dizendo que eu não ia a lugar algum, afinal, ele tinha em mãos "a proposta da minha vida".

Era, de fato, uma excelente oportunidade. Um contrato de milhões de euros por três anos para comandar a operação brasileira de uma multinacional do varejo de moda. Segundo ele, era como se "o Barcelona estivesse me convidando para jogar futebol". Com isso, eu poderia adiar os meus planos nos Estados Unidos por um tempo e teria mais dinheiro para empreender.

A minha resposta foi: "Quem disse que eu quero jogar no Barcelona?". E ele foi embora meio bravo, sem falar comigo.

Eu sabia o que queria, estava determinado. Ter dito não para aquele convite me deu ainda mais força para fazer a minha transição de executivo para empreendedor. Eu estava muito focado, tinha que dar certo.

Logo em seguida veio o apoio definitivo da minha esposa, Andrea, que me disse: "Se é para mudarmos, vamos vender tudo o que temos no Brasil". Ela não queria seguir amarrada com nada, ter que cuidar de duas estruturas.

Entendo que esse foi um movimento importante. Não seria bom ter tido a opção de voltar atrás: isso nos impediria de mergulhar completamente. Ter essa margem de segurança psicológica nesse caso, no meu entender, não seria bom.

Hoje vejo que fiz tudo do jeito certo, com planejamento, calculei o risco. Se estamos preparados, não há por que ter medo. Medo eu tenho de pular de paraquedas, não de me mudar para empreender. Eu tinha uma convicção muito profunda de que ia trabalhar muito e ia conseguir fazer a minha carreira como empreendedor dar certo.

Eu sentia e conseguia visualizar isso. Foi no Lar das Crianças, com os empresários que tinham morado lá também e iam conversar conosco, que aprendi a confiar em mim e acreditar que eu poderia me transformar em um homem de negócios de sucesso. Todos os empresários que passavam por lá diziam que podíamos conquistar o que quiséssemos, e eu nunca duvidei deles, já que eram a prova viva de que era possível ser bem-sucedido.

PASSO A PASSO DA TRANSIÇÃO DE EXECUTIVO PARA EMPREENDEDOR

Agora você deve estar me perguntando: "Mas André, como posso me organizar, como planejar um passo a passo para tirar as algemas de ouro do executivo e partir para a vida empreendedora?"

Bom, com base na minha experiência, recomendo que você pense nos pontos a seguir:

- Comece montando um negócio paralelo em uma área sem conflito de interesses com a da empresa em que você trabalha, sem qualquer ligação com o setor.
- Tenha um sócio para tocar o dia a dia dessa nova operação. Abrir uma empresa enquanto ainda trabalha como executivo não quer dizer que você vai se dedicar menos à sua atividade atual ou deixar os compromissos de lado. Veremos no Capítulo 11 o que você deve levar em conta para escolher bem um sócio e construir uma boa relação de sociedade que contribua para que a empresa de vocês cresça de modo consistente.

@andreduek

Se estamos preparados, não há por que ter medo.

- Escolha um mercado do qual você goste para empreender. Se for um setor com o qual você não tem afinidade, vai dar vontade de sair no primeiro ciclo ruim. Lembre-se de que a maioria dos segmentos passa por ciclos de alta e baixa nos negócios, e só aguenta o tranco e tem chances de prosperar aquele empreendedor que acredita, vê sentido e gosta muito do ramo em que atua.
- Cuidado para não querer ser empreendedor com cabeça de executivo, achar que vai começar com a mesma estrutura que as grandes empresas têm. Normalmente não dá para começar com equipes grandes e capital elevado: é você, seu sócio e alguns poucos colaboradores no início que vão fazer tudo. Eu mesmo não tenho secretária, motorista e office boy até hoje.

Assim, para que fique clara a diferença entre ser executivo e empreendedor, para que você não confunda as coisas, destaco a seguir algumas diferenças entre as duas posições:

- No início, o empreendedor cuida de seu negócio como um todo: participa em todas as frentes (produção, logística, vendas, marketing, financeiro etc.), toma decisões diversas e age para que os resultados aconteçam no curto prazo, pois seu caixa é apertado. Já o executivo é uma peça dentro de uma engrenagem enorme, sendo responsável diretamente por sua área, ficando mais restrito ao que acontece nela, e não tem uma pressão tão grande para buscar resultados de curto prazo, visto que tem mais tempo, pessoas e caixa para atingi-los.
- O ganho potencial do empreendedor é exponencial, ilimitado. O executivo pode ganhar muito bem, mas raramente terá como receber vários salários em um único mês porque trabalhou de maneira brilhante no período.
- O empreendedor tem que plantar a sua cenoura todos os dias, enquanto o executivo ganha essa cenoura de alguém.

A meu ver, o desafio para muitos executivos que decidem empreender é que não se preparam psicologicamente de modo adequado para ter uma redução drástica na remuneração mensal/anual durante a sua transição de carreira. Como você ficará um bom número de meses, e até alguns anos, sem uma renda mensal fixa, **é fundamental que tenha reservas para sustentar sua família e capital suficiente para bancar as operações de sua empresa por pelo menos dois anos.**

Enquanto ainda é executivo, busque identificar oportunidades de rever o seu estilo de vida e de sua família. Muitas vezes, gastamos todos os meses um dinheiro significativo em vários bens e serviços que pouco ou nada agregam ao nosso bem-estar.

Você não precisa pagar uma fortuna, por exemplo, para ter um plano de saúde com remoção por helicóptero, como aquele oferecido pela multinacional. Ou matricular os seus filhos na escola mais cara da sua cidade para que eles tenham acesso a uma educação de alta qualidade. Sempre há alternativas de excelente custo-benefício, não se esqueça.

As dificuldades estão na falta de planejamento. Não é só a sua empresa que você precisa planejar minimamente bem. É fundamental que prepare também sua família para essa nova fase, planejando as mudanças de estilo de vida pelas quais passarão. Você não terá, por exemplo, os mesmos benefícios oferecidos pela multinacional, e não será financeiramente sustentável você manter isso do próprio bolso.

Tenha em mente que a sua virada de carreira, se você for casado, é um projeto familiar. Assim, você precisa estar alinhado com o seu cônjuge e os seus filhos, se os tiver. Se eles não enxergarem o seu projeto empreendedor como um empreendimento que será construído também para o bem-estar deles, você poderá ser muito cobrado e criticado por eles por tê-los colocado em um estilo de vida diferente daquele ao qual estavam habituados.

E COMO A EXPERIÊNCIA DE EXECUTIVO PODE CONTRIBUIR PARA A CARREIRA DE EMPREENDEDOR?

Decisão de virar o jogo tomada, lembre-se de que a sua vivência executiva pode muito ajudar você a se tornar um empreendedor de alta performance. De que maneira? Vejamos a seguir:

- Você já começará a empreender tendo sólidos conhecimentos e experiência em gestão. Muitos novos empreendimentos não dão certo por conta da falta de domínio nessa área. Você, por exemplo, saberá fazer um bom planejamento financeiro, de produção e de vendas, entre outras atividades importantes para a boa condução de um negócio.
- Como conhece muita gente e já tem uma rede de relacionamentos de bom nível estabelecida, poderá usar a força desses contatos para lhe abrir muitas portas: as pessoas conhecidas podem, por exemplo, tornarem-se seus primeiros clientes, fornecedores e parceiros de negócios.

- Você já sabe como o mundo dos negócios opera no dia a dia, sabe apresentar as suas ideias com eficiência e se relacionar com desenvoltura: comunica-se com clareza, domina os fundamentos para conduzir bem negociações e firmar bons acordos, conhece os jargões e a linguagem de negócios, entende de construção e análise de cenários e compreende como funciona a cabeça de potenciais fornecedores, clientes e investidores.
- Como tomar decisões difíceis faz parte da rotina executiva, você consegue unir bem uma boa intuição[9] com dados qualitativos e numéricos para fazer escolhas com maiores chances de acerto.
- Como tem boa leitura de pessoas, está acostumado a lidar com perfis distintos, sendo capaz de liderá-los e engajá-los. Você sabe mover desde cabeças mais técnico-operacionais, que serão muito valiosas na execução, até cabeças mais criativas do que a sua, que muito podem agregar na inovação e melhoria das soluções oferecidas ao mercado pela sua futura empresa.

Se não tivesse desenvolvido todos os itens acima, você jamais teria ocupado posições executivas em grandes empresas. Portanto, quero que você termine este capítulo tendo em mente que você é bom e deve confiar no seu taco. Faça acontecer, transforme as suas metas de mudança em realidade.

No próximo capítulo, vamos falar do planejamento essencial de sua empresa para você poder começar bem os seus negócios.

---

9 Entendo aqui a intuição como a experiência adquirida ao longo dos anos nos negócios. É ela que nos dá condições de sentir em nosso corpo, em nossas "entranhas", qual é a melhor decisão a ser tomada.

@andreduek

Você é bom e deve confiar no seu taco. Faça acontecer, transforme as suas metas de mudança em realidade.

CAPÍTULO 7

O que você precisa saber de planejamento e execução para iniciar sua empresa

Planejar é importante para um novo negócio, mas cuidado com exageros. Planejamentos muito complexos, além de tomarem muito tempo, nem sempre são executados por empresas pequenas, principalmente no início. Proponho que você planeje o essencial e invista a maior parte de seu tempo na execução, buscando validar a oportunidade de mercado, prospectando clientes e fazendo os ajustes necessários.

Mas o que significa planejar o essencial? Para montar um plano de negócios enxuto de sua nova empresa, recomendo que você se faça as seguintes perguntas e seja muito verdadeiro nas respostas que dará para si mesmo. Responda às questões por escrito.

- **Qual é a oportunidade de mercado que você identificou? Quem é o público-alvo? Por que esses potenciais clientes investirão seus preciosos dinheiro e tempo na compra de seus produtos ou serviços?**
- **Como serão as suas soluções? Já existe algo similar no mercado? Caso sim, quais serão os diferenciais de sua empresa e de suas soluções?**
- **De que tamanho você quer ser? Há alguma empresa específica de seu mercado que seja uma referência do porte que você deseja atingir?**
- **Qual é a sua capacidade de investimento? Considerando que poderá levar pelo menos um ano ou mais para sua empresa atingir um volume de vendas que sustente toda a operação, quanto custará mantê-la funcionando nos primeiros dois anos? Você tem esse capital? Caso não, como fará para obtê-lo?**
- **Você terá sócio? Qual o perfil e disponibilidade de tempo dele? Em que momento de vida ele está? Aos 50 anos, não vou ser sócio de um restaurante, pois não tenho a disponibilidade para trabalhar aos finais de semana, por exemplo, mesmo que o projeto seja maravilhoso e muito rentável.**

- **Quantos sócios serão? Que responsabilidades vão assumir? Qual será o papel de cada um?** É muito importante que isso esteja bem definido.
- **Qual o seu objetivo pessoal a longo prazo com o negócio?** Eu já monto uma nova empresa pensando em vendê-la no futuro. Posso ficar 30 anos com a marca, mas já estruturo uma operação enxuta e lucrativa pensando nisso.
- **Você gosta do segmento em que atuará? Tem habilidades e experiências que serão essenciais para atuar no ramo?** Não se jogue em uma área sobre a qual você pouco conheça ou não saiba nada e de que não goste, mesmo que tenha um grande potencial de lucros no curto prazo.
- **Você conta com uma rede de relacionamentos suficiente e qualificada que lhe proporcione uma base mínima de clientes para os primeiros meses de operação de sua empresa?**
- **Quais serão suas metas de vendas para os primeiros três e seis meses? Onde você deseja chegar ao final do primeiro ano de vida de sua empresa?**
- **Como você pode aproveitar as habilidades e experiências profissionais que teve em sua carreira como colaborador em seu projeto empreendedor?**

Concentre-se no principal: acorde todas as manhãs de modo que seja possível responder, em um minuto, qual o planejamento da sua empresa. Se a resposta vier em mais de sessenta segundos, será prova de que as coisas não estão muito claras. Experimente fazer esse exercício. Do contrário, você não respondeu bem às perguntas anteriores e deve refazer o exercício. Não há fórmulas mágicas, acredito que você deve usar sua experiência e tentar encaixar a sua ideia empreendedora em algo que você goste de fazer.

Eu, por exemplo, trabalhei com varejo, moda e mercado de luxo, assim como competi vários anos como piloto de automobilismo. O que a minha imobiliária tem a ver com isso? Vendemos unidades de alto padrão cujo público valoriza o design, muito conforto e um jeito de morar sofisticado. A minha companhia de motorhomes também trabalha com varejo e consumo *premium*, já que nossos veículos são modelos de primeira linha, que oferecem muito conforto e conveniência sobre quatro rodas. Veja que nesses dois negócios eu aplico muito do que aprendi na minha trajetória na Forum.

É realmente usar a sua experiência e procurar oportunidades dentro daquilo de que você gosta. Na minha avaliação, é um erro querer empreender em busca daquilo que "dá dinheiro".

Uma vez que você tenha o seu planejamento essencial pronto, parta para a execução. Ela nada mais é do que fazer o seu planejamento acontecer. "Mas, André, me fale por onde você começaria sua execução", você poderia me pedir. Sugiro, nesta ordem: arrume um sócio; busque junto com ele de três a cinco pessoas que tenham o perfil da clientela que vocês atenderão e desenvolvam em colaboração um protótipo da solução, testando-a várias vezes até validá-la, até ficarem satisfeitos com o resultado. Em seguida, ativem as suas redes de relacionamentos para identificar nelas potenciais clientes e referências.

APROVEITE A FORÇA DE SUA REDE DE RELACIONAMENTOS

Em sete anos, já enfrentei dois ciclos econômicos ruins na minha empresa de motorhomes. Nesses momentos, apertei o cinto e segui em frente. Tenho muito prazer em trabalhar com isso. Se você não gostar bastante do negócio que criar, não aproveitar suas vivências e seus aprendizados profissionais anteriores para administrá-lo e não usar do potencial de geração de receita de sua rede de relacionamentos, você e sua nova empresa não superarão a primeira crise. Não à toa, os meus primeiros clientes nos motorhomes foram pilotos, pessoas que conheci no meio do automobilismo. Procurei um negócio no qual minha clientela inicial faria parte do meu networking.

Esse encaixe com a sua rede é fundamental, inclusive, para você fazer a pesquisa de mercado necessária antes de criar seu empreendimento. Quando começamos um negócio, não sabemos quanto tempo vai levar para as coisas deslancharem. Ninguém sabe. Faça uma estimativa de receitas iniciais a partir das pessoas que você conhece. Se tiver uma quantidade mínima de pessoas que seja possível incluir, 20% do seu networking, digamos assim, já existe um caminho. Isso é muito importante, e esse mapeamento deve ser feito antes de começar a sua empresa.

Use o seu networking para validar seu mercado. Testar o mercado é vital antes de você colocar sua empresa para operar a pleno vapor. Faça perguntas e testes com as pessoas conectadas com você em suas redes sociais. Elas lhe oferecem uma oportunidade muito interessante de avaliar o mercado, pois você tem, a um clique de distância, acesso a centenas ou milhares de pessoas que podem ser potenciais clientes para lhe trazer informações preciosas.

No primeiro ano de vida da sua empresa, quem vai sustentar você é o seu networking. Seus primeiros clientes serão pessoas que o conhecem. Grave muito bem esse ponto!

Em 2014, eu já tinha a ideia de abrir a empresa de motorhomes, mas fiquei quase dois anos estudando o mercado antes de dar o start. Fui a uma feira de motorhomes em Tampa, na Flórida, e fiz um post no Facebook sobre o evento. O retorno me deixou animado: cem comentários, muitos compartilhamentos e centenas de likes. Dali em diante, fui postando cada vez mais sobre férias e estilo de vida com motorhomes em Miami e no estado da Flórida, o que me garantiu até o apelido de "prefeito de Miami" pelos meus amigos.

Essas postagens foram bem-recebidas, sendo um verdadeiro termômetro de que existia interesse de parte dos meus contatos no assunto. Os motorhomes unem duas facilidades em uma: a hospedagem e o transporte. E por um preço muitas vezes mais acessível do que pagar diárias de hotel e aluguel de carro. Validei a minha hipótese de que uma parte dos brasileiros, que adoram passar férias ou temporadas mais longas nos EUA, poderiam ter interesse em alugar motorhomes.

Antes disso, em 2012 e 2013, quando me mudei, fiz duas viagens com esses veículos. Foi quando descobri como os serviços para os viajantes (quero dizer, a qualidade do atendimento oferecido pelas locadoras) dessa modalidade de transporte eram ruins. A experiência, por outro lado, era incrível. Percebi que havia espaço para começar. Identifiquei uma oportunidade na melhora da qualidade dos serviços prestados (pré-venda, venda em si e pós-venda: test drive, sugestão de roteiros de viagens, atendimento via WhatsApp, solução das dificuldades do usuário durante a viagem e assim por diante). Quando você gosta do negócio, você se envolve completamente na criação de soluções para eventuais problemas.

Você deve ter observado que eu escolhi um modelo de negócio pelo qual tinha interesse, mas que também se mostrou viável. Se estivesse em Paris ou Milão, por exemplo, não faria sentido alugar motorhomes. No Brasil, há cidades que não permitem a entrada desses veículos, além de restrições na carteira de motorista. Em outras palavras: não haveria tanto mercado.

ENXUTO E COM A BARRIGA NO BALCÃO

Faça todas essas considerações antes de empreender, mas lembre-se: o dia a dia vai lhe ensinar muito. Tem que testar para saber o que vai ou não dar certo.

Também vale a pena reforçar: tenha paciência. Principalmente para entender e lidar com as questões financeiras, com os ciclos. Aprender a "engolir sapos" dos clientes é outro ponto essencial.

Comece pequeno e trabalhe com a "barriga no balcão", esteja presente. Prepare-se para ser multitarefa e cuidar de tudo no começo. Para que o seu negócio tenha maiores chances de dar certo, trabalhe seus primeiros meses ou ano o mais enxuto possível.

Vamos avançar nesse tema específico mais adiante, mas vale a pena tocar no assunto aqui também: tenha um sócio com um perfil complementar ao seu. Alguém que ajude você a ver aquilo que não consegue enxergar e vice-versa.

No mais, é colocar a mão na massa, colocar a "barriga no balcão", como escrevi um pouco antes. Não pense que você vai ficar só gerenciando uma ou mais equipes. Aliás, não recomendo nem que você contrate um gerente logo: primeiro entenda o funcionamento do seu negócio na prática, conheça o mercado. Equipe? Só se forem poucas pessoas e se realmente forem vitais para as operações iniciais.

No início da empresa de motorhomes, nem site tínhamos, só um perfil no Instagram. O atendimento era feito pelo WhatsApp e nós tínhamos apenas dois veículos para locação. Até tínhamos capital para começar com uma estrutura maior, com mais veículos. Mas não o fizemos porque é importante não assumir riscos financeiros elevados no princípio e, assim, ter espaço para errar nos primeiros tempos de empresa. No nosso planejamento estava: vamos começar pequenos, sem um investimento alto, para podermos errar, aprender, corrigir e ir ampliando os negócios aos poucos. Existe uma curva de aprendizado natural do empreendedor na fase inicial de uma nova empresa. Tenha paciência e não seja ansioso em querer fazer sua empresa crescer rapidamente nos primeiros meses.

Além de todos os pontos já citados, pense que você precisará lidar com clientes, fornecedores, funcionários e parceiros de negócios. Empreender é estar disposto a interagir muito com outras pessoas, a gastar sola de sapato. Se você passar a maioria dos dias trancado em uma sala, como muitos executivos fazem, sua nova empresa não vai decolar. Você, enquanto empreendedor, constrói oportunidades para seu negócio a partir do contato próximo com os diferentes atores que fazem parte de seu mercado.

Outro ponto importante: não empreenda tendo como foco principal ganhar dinheiro. Definitivamente, gosto de empreender pelo desafio de fazer meus negócios crescerem, pela oportunidade de aprender coisas novas, conhecer mais pessoas e poder evoluir pessoal e profissionalmente. O retorno financeiro, para mim, é consequência de um trabalho bem-feito.

Saiba quais são as suas metas, tenha clareza de onde quer chegar. Monte o mínimo possível de equipe e tome cuidado para não começar com uma estrutura que, naquele momento, se mostre desnecessária. Cuide você do marketing e das vendas, assim como da operação. Você terá uma oportunidade valiosa de aprender diferentes funções e sobre áreas que, na vida executiva, tão setorizada, você não aprendeu.

Planeje o curto prazo: trabalhe com micrometas diárias, semanais, mensais, trimestrais e semestrais. As micrometas são mais fáceis de ser alcançadas, levam você a mais celebrações, a ficar motivado. E, muito importante, dão mais oportunidades de correção de rumos: o custo dos erros e aprendizados é muito menor nesse caso.

Saiba o que quer alcançar no longo prazo, mas execute um planejamento focado em metas mais próximas do ponto em que você está.

CLIENTES E *BENCHMARKING*

Quem serão os seus clientes? Desenhe uma ou mais personas, detalhando idade, perfil socioeconômico, estilo de vida, hábitos de consumo, visão de mundo etc. Qual a dor, que necessidade deles o seu produto ou serviço resolve? Estabeleça suas hipóteses e vá a campo conversar com potenciais clientes. Se possível, faça um protótipo de sua solução junto com alguns deles. Testar junto com os clientes é uma das maneiras mais seguras para validar a aderência de sua solução ao mercado. Não cometa o erro de achar que sabe o que os seus clientes precisam e criar sua solução a partir disso sem fazer nenhum teste de campo com eles.

Faça testes de mercado com pessoas de sua rede de relacionamentos que sejam potenciais clientes para validar suas dores e se realmente estão dispostas a pagar pela sua solução, seja ela um produto ou serviço. A melhor validação é testar o seu modelo de negócios com a menor estrutura possível para você observar como o mercado responde. A Duek Motorhomes começou com dois veículos apenas. E, desde então, cresce de modo consistente. Temos, hoje, quase duas dezenas de veículos disponíveis para locação.

Sempre me perguntam se vale a pena fazer *benchmarking*, que, na prática, é um estudo da concorrência. A minha resposta é sempre sim, principalmente sobre o que não se deve fazer. Quando você analisar como outras empresas do seu mercado-alvo operam, perceba onde estão as falhas, o que elas estão deixando de fazer, pesquise e descubra quais são as reclamações dos clientes em relação a elas.

Deixo aqui um alerta: cuidado com a soberba de não olhar para os pequenos e médios concorrentes. Tenha humildade e faça o seu *benchmarking* para cima e para baixo. Quem é pequeno hoje sempre vai ter uma oportunidade para crescer, pense nisso.

No próximo capítulo, vamos falar de uma atitude que aumentará muito as chances de o seu negócio dar certo.

@andreduek

CAPÍTULO 2

Empreender é estar disposto a interagir muito com outras pessoas, a gastar sola de sapato.

CAPÍTULO 8

Para aumentar bem as suas chances de dar certo, coloque seu negócio à prova

Começo o capítulo com uma sugestão que aumentará bastante as chances de sua empresa dar certo: faça, primeiro, uma validação informal de seu plano e suas premissas de negócios. Converse com pessoas de diversos segmentos de mercado que não tenham ligação e interesses na sua empresa. Elas vão identificar e apontar todas as críticas, brechas e falhas que você não está enxergando. Nessa hora, tenha a humildade de ouvir e agradeça, mesmo que não fique feliz com o que vai escutar. Serão visões sem vício com a experiência de outras áreas que podem agregar valor ao seu projeto.

E aqui eu pergunto: você está preparado para mudar suas crenças e opiniões? Está disposto a realmente praticar a humildade? Está aberto a ter suas visões, hipóteses e certezas contestadas, e a avaliar seriamente opiniões diferentes, sendo o mais racional possível?

COMO FIZ COM A DUEK MOTORHOMES

Antes de iniciar as operações da Duek Motorhomes, conversei de maneira mais aprofundada com três amigos. Um trabalhava em um fundo de investimento, a quem pedi a sua avaliação caso fosse investir no negócio. O outro era uma pessoa da área de varejo e o terceiro trabalhava com turismo.

Eles me abriram os olhos para o que eu não estava enxergando, me deram a noção de possíveis falhas e alguns grandes desafios que eu não havia identificado. Foram três avaliações complementares diante do mesmo *business plan*.

Recomendo que você faça o mesmo, que busque esse tipo de ajuda. Para isso, escolha pessoas com perfis complementares, nas quais você confia ou que foram muito bem indicadas. Se possível, fale com alguém de mercado financeiro, que tenha o olhar de investidor; agregue uma pessoa que entenda bem da parte mercadológica; e tenha mais uma que seja experiente em gestão de empresas. Se elas não puderem conversar com você de modo *pro bono*, não hesite em pagar por um ou mais encontros.

Depois, quando o projeto estava mais amadurecido, dei um segundo passo e contratei um consultor muito bom em gestão e finanças que me ajudou da fase pré-operacional até o lançamento do empreendimento no mercado. Suas orientações nos quesitos financeiro-orçamentário e estratégico-mercadológico foram de valor inestimável.

Ter apresentado meu *business plan* aos meus amigos e trabalhado durante vários meses com o consultor foram passos fundamentais, e estou certo de que contribuíram bastante para darmos certo. Três anos depois, com a empresa já rodando a todo vapor no mercado e com o nosso modelo de negócios validado pelos clientes, chegamos até a captar recursos de investidores para acelerar o nosso crescimento.

Meu consultor era um profissional bem mais velho do que eu, um executivo aposentado com cinquenta anos de experiência. A idade não é o critério mais importante na seleção, desde que seu consultor seja realmente bastante experiente em negócios. Escolhi um profissional dos EUA, com acesso à base de dados do setor e muito curioso. Não era ligado a nenhuma consultoria grande.

Na verdade, a maioria das grandes consultorias não costuma atender clientes pequenos nem médias empresas. Recomendo que contrate um consultor para quem você tem o mesmo peso que ele tem para você. Assim, você não vai ser mais um: a pessoa vai se debruçar no seu projeto, sem fazer mais do mesmo e sem olhares viciados. Alguém que esteja preparado para orientá-lo bem quando você quiser fazer o contrário do que o mercado está fazendo, mas sem ser inconsequente.

Recebi do meu consultor um atendimento de boutique. E faço questão de destacar: dê preferência ao profissional que tenha mais interesse no seu projeto do que você na consultoria dele, alguém que vê você como valioso para o portfólio. O meu era muito dedicado e vinha com uma ideia nova toda semana.

Lembro ainda que o consultor tem que ter a frieza de quem está do lado de fora para enxergar os riscos. Deve ser alguém para ajudar você a começar com o pé no chão. E, claro, para trabalhar com você, colocar a mão na massa nas primeiras semanas e meses do início de sua empresa no mercado. Tudo isso com a capacidade analítica e mercadológica para mapear o segmento e apontar as possibilidades.

Muita gente acha que sabe tudo, se deixa dominar pelo ego. Acha que tem tudo muito claro na cabeça e não precisa falar com ninguém para colocar seu projeto à prova. E há o fator custo, as pessoas querem economizar com consultoria e pesquisa de mercado.

É preciso ponderar algumas coisas. Muitos empreendedores têm ideias excelentes e projetos fracos, cheios de falhas. Não fizeram a devida lição de casa: não analisaram o mercado (pouco ou nada interagiram com potenciais clientes para validar suas dores e mapear sua jornada); não fizeram minimamente o planejamento do negócio; e não deram a importância necessária para o lado financeiro-orçamentário. Quem trabalhou com criação a vida toda, por exemplo, vai ter dificuldade com aspectos mercadológicos, financeiros e de gestão.

Por isso é tão importante pedir ajuda para alavancar o seu negócio. Um plano de negócios é apenas o primeiro passo, uma simulação. Repito: busque pessoas experientes em gestão e negócios e esteja preparado para mudar as suas crenças e opiniões.

NADA DE CONVENIÊNCIA

E aqui compartilho uma experiência pessoal sobre colocar um projeto à prova. Certa vez, fui convidado pela Agência Brasileira de Promoção de Exportações e Investimentos, a Apex, para fazer a avaliação de uma rede de restaurantes de comida italiana que pretendia abrir unidades nos Estados Unidos.

A apresentação foi impecável, com um Power Point e um layout muito bonitos. Mas, quanto à operação, eu tinha várias considerações a fazer. Primeiro, eles escolheram abrir a primeira unidade em San Antonio, no Texas.

Ponderei que é muito importante ter um mercado-modelo para avaliar o desempenho do negócio: são os chamados mercados multiplicadores. Se der certo lá, há boas possibilidades de o modelo de negócios se sair bem em outras cidades. Campinas, por exemplo, é uma referência para o interior paulista. Em outras palavras, se uma loja dá certo em Campinas, as chances de sucesso são grandes em outras cidades do interior de São Paulo. O mesmo vale para Curitiba, no Sul; para Goiânia, no Centro-Oeste; para Belém, no Norte; e para Recife e Salvador, no Nordeste.

Assim, na minha observação, eles estavam começando na praça errada. San Antonio não é uma cidade cosmopolita e heterogênea que reúna pessoas de diferentes origens e culturas. Na Flórida, ao contrário do Texas, há brasileiros, latinos de diferentes países, estadunidenses e até europeus. Ou seja, existe um grande público potencial para um negócio de culinária italiana. Nessa hora, ouvi como argumento que a empresa já tinha um investidor em San Antonio, por isso a escolha da cidade. Expliquei que, a meu ver, conveniência é uma palavra que não pode existir no vocabulário de uma empresa que está dando seus primeiros passos, ainda mais em um mercado competitivo como o americano. Eles estavam agindo pela conveniência, não ia dar certo.

Segundo ponto: eles estavam mexendo no cardápio e, com isso, iam concorrer diretamente com restaurantes locais que servem comida regional do Texas e outros pratos da cozinha dos EUA. Além de pratos italianos, planejavam servir *ribs* (as famosas costelas) e outras receitas típicas americanas. Seria um restaurante com um cardápio amplo, sem um posicionamento claro e querendo "abraçar o mundo", o que deixaria os potenciais clientes confusos e propensos a continuar frequentando os restaurantes com os quais já estavam acostumados. Perguntei se eles serviam *ribs* nas suas trezentas lojas no Brasil e a resposta foi não. Para justificar a decisão, eles disseram que, nos Estados Unidos, todo restaurante serve esses produtos. Quis saber se eles tinham alguma receita especial para servir. Não havia; o plano era contratar um chef de cozinha especialista em gastronomia americana.

Nessa hora, disse o que deveria ser dito: ninguém entra em um restaurante italiano para comer *ribs*. Eles queriam agradar o público com pratos que não tinham nada a ver com o cardápio deles. Pior ainda: precisariam comprar uma *parrilla* para isso. Nunca fizeram uma costela na vida em trinta anos da empresa, por que achavam que isso daria certo no exterior? Era um equívoco de produto, o que confundiria os clientes.

Ao final da reunião, o dono da empresa me abraçou, me chamou carinhosamente de "garotinho" e disse que eu tinha sido a pessoa que falou "as verdades mais doídas e necessárias" da vida dele, que ele estava completamente de acordo com os meus pontos. Ninguém, entre seus consultores e colaboradores, havia dito algo parecido.

E isto é verdade: parte dos consultores só quer agradar, evitando se indispor com quem os contratou.

Ao final, eles desistiram do projeto.

Vamos em frente. Agora, chegou a hora de falar sobre marketing e vendas para novos empreendedores. Logo mais, no próximo capítulo.

@andreduek

Você está preparado para mudar suas crenças e opiniões? Está disposto a realmente praticar a humildade? Está aberto a ter suas visões, hipóteses e certezas contestadas, e a avaliar seriamente opiniões diferentes, sendo o mais racional possível?

CAPÍTULO 9

Marketing e vendas para novos empreendedores

As atividades de marketing e vendas devem ser prioridade em uma pequena empresa, ainda mais quando ela está no início de seus negócios. Em essência, o papel do trabalho de marketing e vendas é a atração e conversão de clientes, gerando receitas e estabelecendo laços sólidos com eles, se possível construindo com essa clientela relacionamentos de longo prazo.

Nenhuma empresa permanecerá no mercado a médio e longo prazos se não tiver caixa. E um caixa saudável só se constrói ao longo do tempo com uma carteira de clientes robusta e fiel e receitas recorrentes, o que só se alcança por meio de uma excelente gestão de marketing e vendas.

Considerando que você entregue ao mercado produtos e serviços de qualidade, sua empresa pode ter problemas e dificuldades operacionais diversas, porém o seu marketing e vendas precisa funcionar muito bem. O empreendedor serial, autor de livros e ex-funcionário da Apple, Guy Kawasaki, tem uma frase de que gosto muito: "Vendas resolvem tudo".[10]

Para empreender bem e ter boas chances de fazer sua empresa dar certo, defendo que você domine muito bem as funções de marketing e vendas. Se acredita que não é bom nelas ou em algumas delas, você pode e deve aprendê-las minimamente bem. Faça cursos, leia livros, busque mentores, assista a vídeos, identifique e busque participar de grupos e comunidades de profissionais de marketing e vendas. Empreendedores que não dominam minimamente bem tais funções reduzem muito suas chances de prosperar. Se mesmo assim considerar que tem dificuldades, recomendo que você tenha um sócio que goste muito e seja ótimo em marketing e vendas (falaremos sobre sociedade do Capítulo 11).

---

10 KAWASAKI, G. The Art of Rainmaking. **Guy Kawasaki**, 9 fev. 2006. Disponível em: https://guykawasaki.com/the_art_of_rain/. Acesso em: 9 maio 2023.

NÃO SEPARE MARKETING DE VENDAS

A partir da minha experiência, posso afirmar, sem medo, que uma empresa pequena não pode separar o marketing das vendas. No início, está tudo muito junto mesmo, não há razão para separar as coisas.

Um exemplo simples para ajudar você a entender: não posso fechar 150 contratos de aluguel de motorhomes na mesma semana se tenho apenas 15 veículos na minha frota. É preciso alinhar a divulgação dos produtos com a capacidade de operação, vincular uma coisa à outra.

Na imobiliária, o nosso time, Duek Lara Group by ONE Sotheby's International Realty, tem como objetivo prospectar e atender cinco potenciais clientes por dia, mantendo alto o nosso padrão de atendimento. Até porque as pessoas que viram um excelente imóvel pela manhã muito provavelmente vão querer conversar a respeito à tarde. Se passarmos a atender dez por dia, não daremos conta.

Pense nesses pontos e em outras questões iniciais muito importantes, como não se deixar influenciar pelos acontecimentos na política e economia do país. Foque o seu trabalho, crie as suas oportunidades, não se deixe guiar pelo cenário externo.

Não se deixe abater por guerras, pandemias, eleições e outros acontecimentos que vão além do nosso controle. Você precisa estar totalmente comprometido em fazer seus resultados acontecerem. Se a economia do país ou de sua região está em crise, trabalhe mais, faça mais contatos, crie mais oportunidades de parcerias. Você, enquanto empreendedor, precisa de um forte senso de *accountability* pessoal e profissional. Traga para si a responsabilidade por fazer as coisas acontecerem. Assuma o desafio de ser completamente responsável por criar ótimos resultados para o seu negócio.

Digo mais: na crise, muitos empreendedores ficam desanimados, deixam os seus esforços de lado, o que abre espaço para quem não desiste. Pense nisto: trabalhe mais, faça mais quando as outras pessoas não estiverem se dedicando tanto. Assim, se a sua meta era fazer dez contatos por dia com potenciais clientes, faça vinte. Avalie como pode ampliar as suas possibilidades.

Nesse sentido, compartilho com você uma história real. Em determinado momento, as vendas da Triton, marca da Forum focada em moda jovem, estavam caindo. Para dar um "chacoalhão" na equipe, o Tufi mostrou aos executivos uma reportagem sobre o crescimento de outra grife, a Sérgio K.

Essa empresa, que estava se destacando no mercado, vendia camisas pólo bordadas e fora criada por um empreendedor jovem sem muita experiência, que havia iniciado as operações não tinha muito tempo.

@andreduek

Traga para si a responsabilidade por fazer as coisas acontecerem. Assuma o desafio de ser completamente responsável por criar ótimos resultados para o seu negócio.

Assim, se a companhia concorrente estava fazendo sucesso, o que faltava para nós? Por que não estávamos vendendo bem? Precisávamos, naquele momento, acreditar mais em nós mesmos e no negócio, ajustar a nossa estratégia, melhorar a execução e trabalhar mais. Era isso.

Ter o comparativo da concorrência é importante. Se você tem uma barraca de pastel na feira e em um sábado de chuva vendeu 180 pastéis quando a sua média aos sábados é 200, observe o que está errado. Se a barraca concorrente tiver vendido 220 unidades do salgado na ocasião, não dá para colocar a culpa no mau tempo.

Tire essa ideia de crise da cabeça. Em qualquer ocasião, vai ter sempre alguém trabalhando bastante, de maneira inteligente e vendendo bem.

Eu mesmo, para me proteger dessas instabilidades econômicas, quase não leio colunas de economia e política, procuro me preservar. Não entro na neurose coletiva de que não será possível vender por esse ou aquele motivo.

DÊ PRIORIDADE AO MARKETING E ÀS VENDAS

Na Forum, as diretorias de Marketing e Vendas eram muito importantes. Os diretores das duas áreas eram os que mais ganhavam. E, a meu ver, aquela era a conduta certa: quem não der a devida importância a isso, vai quebrar.

Sem uma embalagem boa e uma marca forte que transmita o valor do que você vende, ninguém vai consumir o seu produto. É preciso ter marketing, sim, junto com um bom produto.

E esse é um conceito amplo. A pessoa que serve o café precisa entender que um café bom, servido com gentileza, ajuda uma empresa a vender mais. O mesmo vale para o segurança que abre a porta para o cliente sorrindo e dando bom dia. Com a sua atitude, ele também estará ajudando a empresa a ser mais lucrativa.

Agora, adivinhe de quem deve partir esse exemplo? De você mesmo, o dono do negócio. Seja você aquele que alavanca a sua empresa a partir de seu comportamento, seus exemplos e suas ações. E passe isso para o seu time.

Lembre-se sempre do valor do cafezinho caprichado, da porta aberta para o cliente entrar, do aroma da sua empresa, aquele cheirinho especial que se sente ao entrar. Cuidados que custam muito pouco e fazem toda a diferença.

COMECE PELO SEU NETWORKING

Além de ações simples como as já citadas, comece a reforçar o seu marketing e as suas vendas ativando o seu networking. Sua rede de relacionamentos garantirá o grosso de suas vendas no começo de sua empresa. E poderá ajudar você a entender melhor o mercado.

A sua prima que mora há quarenta e cinco anos na Mooca, bairro tradicional da zona leste de São Paulo, certamente vai lhe dar dicas sobre o perfil do público na região, se esse for o seu interesse.

É a sua comunidade que vai ajudar você no início do seu negócio. Os seus amigos dos tempos da escola e faculdade, os vizinhos, os parentes e conhecidos de modo geral.

Olhe para esses grupos e se pergunte quantos deles comprariam de você, quantos teriam um perfil que se encaixe como público da sua solução empreendedora.

Simplesmente pegue o seu celular e vá conferindo contato por contato, fazendo esse levantamento. Atualmente, ninguém tem menos de cem números no telefone, é possível ter uma boa amostra a partir desse levantamento.

Além disso, observe os seus concorrentes, veja o que eles estão fazendo. Vá às feiras especializadas, entre nas lojas como se fosse um cliente, avalie tudo, procure inspiração entre aqueles que entregam um bom trabalho.

Quando vim para Miami, antes de abrir a minha imobiliária, reservava os domingos à tarde para visitar as chamadas *open houses*, casas que estavam à venda nas quais qualquer pessoa poderia entrar e ser atendida por um corretor. Observava como eles conversavam com os clientes e se faziam os follow-ups, se davam algum retorno na segunda-feira, por exemplo. De cada um, tirava uma ideia: o modo como agradeciam os clientes, como se despediam e assim por diante.

Sobre motorhomes, devo ter ido a umas trinta feiras e eventos antes de começar o meu negócio. De cada uma delas, voltava com umas 250 fotos no celular.

Na minha opinião, é assim que devemos começar: com modéstia e atenção. Coloque-se na posição de novato e vá construindo o seu caminho. Não tenha preguiça de gastar sola de sapato! Se não fizer isso, você não saberá o seu tamanho, o potencial de seu negócio, não perceberá quais são os principais gaps de mercado e as dores dos clientes.

Prepare um material digital ou impresso apresentando a sua empresa e a solução que ela oferece, explicando aos conhecidos o que você está fazendo. Para aqueles amigos que já estão bem-posicionados no mercado, que são executivos ou donos de empresas, proponha alguma ideia de parceria entre suas empresas.

Não tenha medo, não fique constrangido em procurar aquelas pessoas da sua rede de contatos que podem ser parceiras ou possíveis clientes. Vender é uma atividade muito nobre e relevante: pense que, ao vender sua solução, você está facilitando e melhorando a vida de seu cliente. Você está proporcionando bem-estar e qualidade de vida para ele. Para mim, vender é um ato de fazer o bem pelo próximo.

Se um conhecido para o qual você apresentou sua empresa e produtos não teve interesse em comprar, não há problema algum nisso. Desde que você tenha tratado muito bem essa pessoa, mostrado o sentido do que faz e deixado bem claro como suas soluções melhoram a vida dos outros, saiba que ela poderá vir a comprar de você no futuro, ou mesmo nunca comprar, mas poderá indicá-lo para conhecidos. Tenho contatos próximos e não tão chegados que nunca alugaram motorhomes da minha empresa, porém já indicaram a Duek Motorhomes para vários amigos, familiares e conhecidos que alugaram os nossos veículos.

Tenha em mente que não existe contato ruim: todas as pessoas podem ajudar você a mapear, validar o seu mercado e crescer os seus negócios.

MARKETING BOCA A BOCA

Um executivo conhecido meu veio para os Estados Unidos acompanhar a esposa, que foi transferida para cá. Durante um encontro informal, entre amigos, ele preparou paella para todos, era um expert nessa receita.

Foi um sucesso: a comida estava divina. Então sugerimos a ele que, na próxima reunião, cozinhasse de novo e cobrasse um preço por pessoa pelo prato.

Deu tão certo que ele não parou mais, criou uma marca e hoje faz entre quinze e vinte eventos por mês. Na pandemia de covid-19, ele deu mais um passo, fazendo entregas nas residências. Hoje, já tem dois chefs trabalhando para ele e não aceita festas com menos de vinte pessoas.

No início do negócio, sem parcerias para investir em marketing, esse empreendedor fez várias permutas: serviu paella em alguns dos eventos que organizei para os meus clientes, e parte dessa clientela passou a contratá-lo com frequência de tanto que gostou da comida.

Lembre-se de que há outras empresas não concorrentes oferecendo produtos e serviços para o mesmo público que o seu. Faça parcerias com elas, pois, assim, vocês somarão os seus networkings e isso aumentará as oportunidades de negócios para todos.

É exatamente isto: invista no marketing boca a boca nas comunidades em que você participa, o chamado marketing off-line. Assim, você vai construindo uma base de potenciais interessados em seus serviços e produtos. Esse tipo de ação demanda um esforço de estar presente, mas sempre vale a pena.

NÃO DESCUIDE DO FOLLOW-UP

Uma ferramenta de vendas muito poderosa que vários empreendedores subestimam é trabalhar o follow-up de um modo eficiente. O que quero dizer com isso?

Aprendi a importância de se fazer follow-up de uma maneira organizada, simples e estruturada. Perdi um grande cliente por não ter feito o acompanhamento no tempo certo. Muitas vezes, achamos que enviar mensagens, ligar ou agendar encontros virtuais ou presenciais são ações invasivas para dar seguimento ao relacionamento com um cliente que mostrou o mínimo de interesse em fazer negócios conosco.

Infelizmente, tive a pior lição, pois, como a maioria dos vendedores, achei que estaria incomodando um grande cliente, já que o fim de semana estava chegando. Seria a maior venda da minha carreira, uma casa de 25 milhões de dólares. Conversei com o cliente em uma quinta-feira, enviei um e-mail e uma sugestão de propriedades com o perfil que ele estava buscando via WhatsApp, mas acreditei que segunda-feira seria quando eu deveria continuar com o follow-up. Porém, no domingo, uma corretora concorrente ligou para essa pessoa e ofereceu para visitar o mesmo imóvel que eu tinha sugerido a ela, alegando que era a casa dos sonhos da família. Conclusão: o cliente foi visitar a casa no domingo à tarde e fechou negócio.

Qual a lição aprendida? Nunca saberemos o tempo ideal para abordar e acompanhar cada cliente porque isso é muito individual e depende do perfil de cada um. Portanto, o follow-up deve ser feito e testado para você descobrir o limite de cada cliente e evitar situações desnecessárias, de modo a não forçar muito a barra, mas também não deixar a oportunidade solta – e, ao mesmo tempo, não dar espaço para que a concorrência descubra isso antes de você.

Outro ponto fundamental sobre o follow-up é que, com base na minha experiência, você precisa separar pelo menos uma hora de seu dia para retomar os contatos com potenciais clientes. O número ideal para você elevar bem seu índice de conversão de vendas é contatar o cliente interessado no mínimo três vezes dentro de um prazo de uma semana, desde o primeiro contato. Eu costumo fazer follow-up de três a sete vezes e consigo alcançar uma performance entre 30 a 50% de conversão.

Fazer follow-up não é apenas ficar insistindo via mensagens de texto, telefonemas e e-mails, tentando vender algo. Mais do que isso: é continuar se fazendo presente na cabeça do seu potencial cliente. Existem diversas maneiras mais leves e criativas a que você pode recorrer para estreitar relações com essas pessoas. Alguns exemplos: imagine que em um desses contatos a pessoa lhe fez uma pergunta sobre o mercado e, apesar de você ter respondido na hora, apareceu um artigo sobre o assunto em um veículo de comunicação renomado e você o envia para ela. Gosto também de fazer follow-ups sem que o cliente perceba isso, por meio de convites para eventos que não tenham nada a ver com o produto ou serviço que desejo vender. Eu mesmo convido os clientes que se identificam com o meu perfil de interesses para eventos de carros, pôquer, automobilismo e empreendedorismo.

CAIXA PARA MANTER A OPERAÇÃO

Além de pesquisar o mercado, ativar a sua rede de relacionamentos, praticar uma boa estratégia de follow-up, investir no marketing possível e fazer permutas, você deve considerar outro ponto importante no início da sua jornada como empreendedor: pode levar meses ou até mais de ano para que sua empresa alcance um patamar de vendas razoável.

Logo, você precisa ter caixa disponível para bancar as suas operações por, no mínimo, um ano. O ideal seria ter para os dois primeiros.

Com falta de caixa, sem dinheiro, você fica estressado e corre o risco de abandonar a sua estratégia diante das dificuldades. É preciso ter paciência para a construção de uma marca, de uma empresa. Raramente as coisas acontecem de um dia para outro.

Nas redes sociais, deixe comentários nos posts de empresas e perfis que tenham a ver com o seu projeto. Não economize *likes*. E, por fim, seja cara de pau: convide quem você achar interessante para tomar um café, apresente-se, mande os links de seus perfis.

Vá atrás do que você quer, faça o que precisa ser feito para ser notado. No empreendedorismo, não há espaço para ter vergonha e ter medo de receber nãos. Aliás, acostume-se com os nãos. Você vai receber muito mais nãos do que sins, mas os sins compensarão muito seu esforço. Como empreendedor, você precisará ter muita atitude e, em alguns momentos, ser cara de pau mesmo para se aproximar de pessoas que deseja ter como clientes ou parceiros.

Ainda vamos falar desses assuntos. Conversaremos sobre marketing nas redes sociais no próximo capítulo. Um tema pelo qual, aliás, eu sou apaixonado. Vamos em frente!

CAPÍTULO 10

Faça marketing nas redes sociais

Hora de falar de um tema que eu adoro: o marketing digital, com foco nas redes sociais. Elas são uma oportunidade de ouro para você alcançar e influenciar milhares de pessoas de maneira orgânica, ou seja, sem precisar pagar por impulsionamento às plataformas. Vale a pena trabalhar fortemente o seu conteúdo, as informações sobre o seu negócio, seus produtos e serviços. Outros benefícios das redes sociais para as pequenas empresas são acesso facilitado e ágil a pessoas com o perfil de seu público-alvo, criação de *awareness* de suas marcas e a valiosa oportunidade de interação com *prospects* e clientes. Vou lhe apresentar bons motivos para cuidar bem de seus canais nas próximas páginas.

CUIDE, VOCÊ, DIRETAMENTE

Quando uma empresa começa a funcionar, não há o suporte de uma agência ou de uma área de marketing estruturada para tomar conta da sua divulgação. É você que precisa cuidar e fazer as coisas acontecerem.

Faça cursos de marketing digital, veja vídeos sobre o assunto no YouTube e assim por diante. Há muita informação disponível sobre o tema. Aprendi e aprendo muita coisa sozinho.

A minha estratégia de posicionamento como empreendedor nas redes sociais começou antes mesmo da minha mudança para Miami. Como vinha muito para cá, escrevia sobre como ter acesso às salas VIPs dos aeroportos ou sobre como migrar para a classe executiva nos voos.

Uma vez aqui, fazia posts sobre a cidade e seu estilo de vida: as filas de carros muito bem-organizadas nas portas das escolas, os preços dos veículos, a arquitetura local, as várias opções de lazer oferecidas pela cidade, as diversas facilidades e comodidades de se morar em Miami, ou seja, dividia com os meus contatos tudo o que chamasse a minha atenção e achasse interessante sobre o jeito de se viver em Miami. Eram conteúdos leves, e fui gerando engajamento a partir disso. Por esse motivo, até criaram o apelido #duekprefeitodemiami.

Primeiro, queria que as pessoas associassem a minha imagem à figura de uma referência e formador de opinião a ser considerado quando o assunto fosse viver, desfrutar e passear em Miami. Depois, aos poucos, fui contando sobre as minhas atividades como empreendedor ao falar das minhas empresas.

Ia postando, pedindo para os amigos curtirem e comentarem, fazendo referências a outras páginas, a outras pessoas, para ampliar a rede de contatos. Assim, mais e mais pessoas iam me seguindo. Principalmente porque eu não falava só dos meus negócios, mas de conteúdos variados, incluindo o meu estilo de vida.

Para reforçar, preparei um e-mail marketing dizendo que tinha aberto as minhas empresas e apresentando dicas e novidades dos mercados envolvidos. Fiz o mesmo com os contatos que tinha na agenda do meu smartphone.

Esses movimentos me deram um boom de cara: as pessoas que eu conhecia ficaram sabendo o que eu estava fazendo. Abri os meus horizontes. E olhe que, até três anos atrás, o meu Instagram era privado. Eu me abri para as redes sociais e percebi a ótima oportunidade que elas representam para a construção e o fortalecimento da minha marca pessoal, assim como para as marcas das minhas empresas e seus negócios. Tudo isso a um investimento quase zero de dinheiro, demandando apenas investimento de tempo. Continuei produzindo muito conteúdo para o Instagram e o LinkedIn e tudo começou a ganhar força. Na verdade, crio e posto bastante conteúdo até hoje. Sou eu mesmo que faço.

ESTILO DE VIDA E INFORMAÇÃO

Para ajudar você a se organizar nesse sentido, recomendo que interaja com as pessoas nas redes sociais e publique posts que incluam estilo de vida e informação. Crie o seu conteúdo pensando nas necessidades de sua audiência. Se você ficar falando a todo momento de si, de sua empresa e das soluções que oferece ao mercado, você vai se tornar desinteressante e virar spam. Pense que boa parte do conteúdo que queremos consumir on-line deve ser conteúdo que melhore nossa vida pessoal e profissional de alguma maneira.

Você será respeitado ou não a partir de seus conteúdos. Se as pessoas se interessarem pelas suas postagens, demonstrando o valor que trazem por meio de comentários, compartilhamentos e mensagens privadas, você conseguirá transferir sua autoridade e credibilidade espontaneamente, sem forçar a barra, para a sua empresa e marca.

@andreduek

Boa parte do conteúdo que queremos consumir on-line deve ser conteúdo que melhore nossa vida pessoal e profissional de alguma maneira.

Aqui vale a pena reforçar: interaja de fato com as outras pessoas. Responda aos comentários, comente e compartilhe as suas publicações, curta à vontade o que achar que merece o seu like.

Ao gerar reputação, você também gera vendas. Divido com você dois exemplos que seriam interessantes para postar nos meus perfis em redes sociais, relacionados com cada uma das minhas empresas: art déco nas ruas de Miami (para quem gosta de arte, morar em Miami é um prato cheio, com as tantas opções que a cidade oferece nesse quesito) e vantagens de viajar de motorhome.

Ao preparar os seus conteúdos, preste atenção nisto: ao que é relevante e chama a atenção do seu público.

Uma revista, por exemplo, é, na minha opinião, uma rede social paga, na qual podemos nos divulgar ao comprar um anúncio. Nas redes sociais, você tem isso de graça e, na maioria das vezes, com um alcance muito maior.

DUAS HORAS POR DIA

Encare a produção de conteúdo para ser postado em seus canais de redes sociais como um investimento de tempo para criar vínculo e relacionamento com potenciais clientes. Cuidar disso não é futilidade, como tanta gente pensa, pelo contrário.

Dedico duas horas por dia, de domingo a domingo, para trabalhar nas minhas redes sociais. Isso inclui produzir e postar os conteúdos e interagir com as pessoas. Eu mesmo cuido de tudo. Faço o meu planejamento de conteúdo aos domingos. Já programo o que vou querer publicar a cada dia da semana.

A grande questão aqui é a construção de uma imagem. Funciona como uma maratona: ninguém começa já correndo os 42 quilômetros. Vá aos poucos, entenda que é um processo. Os resultados vão começar a acontecer, no mínimo, de seis meses a um ano depois. Prepare a sua mente para não desanimar: ninguém é reconhecido como uma referência em sua área nos primeiros meses de trabalho nas redes. Tenha paciência e peça ajuda aos seus familiares, amigos e contatos mais próximos para que repostem, compartilhem, curtam e comentem seus posts.

Ao investir tempo em trabalhar o seu marketing digital, você só tem a ganhar. Como? A partir dos retornos a seguir:

- Quebra de barreiras geográficas. Moro em Miami, mas, todos os dias, falo com brasileiros espalhados pelo mundo, que podem vir a ser meus potenciais clientes.
- Não tem dia, não tem hora, não há limitação alguma: você pode postar os seus conteúdos quando quiser.

- O endosso digital é valioso. O retorno é muito bom quando, por exemplo, clientes famosos e influentes escrevem sobre o nosso trabalho em suas páginas. Nosso alcance cresce com isso. Mesmo sem celebridades entre os seus clientes, posts de anônimos falando bem de você também ajudam muito.
- Seu marketing boca a boca ganha força; isso importa mesmo que a pessoa não compre nada de você. Veja a rede de joalherias finas americana Tiffany & Co. Há muita gente que elogia a empresa, mesmo sem ter comprado nenhuma peça de lá. Isso é importante para manter sempre em alta o prestígio da marca.

Agora que você entende a relevância do investimento em marketing digital, listo a seguir alguns dos princípios mais importantes para você produzir conteúdos interessantes nas redes sociais:

- **Faça um planejamento semanal com temas variados.** Aos fins de semana, trate de assuntos mais leves. Às segundas, conteúdos motivacionais, para inspirar, caem bem, assim como notícias positivas e temas divertidos. Às terças, gosto de compartilhar algum conteúdo de mercado, assim como às quartas. Já às quintas, divulgo o meu podcast, o *1BRZ Podcast*. Sexta é um bom dia para recomendar filmes, peças, shows, exposições e outras dicas culturais. Seja como for, tenha uma programação, assim como fazem as emissoras de TV. A consistência nas postagens é muito importante.
- **Use fotos e artes impecáveis.** Não pegue imagens do Google, selecione as melhores que puder, pesquise em bancos de imagem gratuitos, por exemplo.
- **Capriche também no texto.** O mesmo vale para as palavras que você vai usar. Nada de erros de português e posts mal escritos: que a sua comunicação seja clara, simples e gentil.
- **Fale de outros temas além do seu negócio.** Mostre que você não está ali apenas para vender alguma coisa. Tenha opinião e compartilhe o seu estilo de vida com os seus seguidores.
- **Preste atenção aos gostos e interesses dos seus clientes e escreva sobre isso.**
- **Faça perguntas para a sua audiência, organize enquetes.** Aquelas bem simples, com duas alternativas apenas para a escolha. Essa prática simples engaja muito.
- **Várias cabeças pensam melhor do que uma:** peça ajuda aos seus amigos empreendedores, pergunte a opinião deles a respeito dos conteúdos de suas postagens.

- **Eduque os seus potenciais clientes sobre as vantagens de comprar o seu produto ou serviço.**
- **Teste todas as possibilidades de uso das redes para avaliar o que funciona melhor para você: YouTube? Instagram? Twitter? LinkedIn? TikTok? O que mais?**
- **Acompanhe as novidades do mundo digital e fique com aquilo que funciona para você.**

Penso que, com as recomendações apresentadas aqui, você já tem um norte, um bom caminho a seguir no marketing nas redes sociais.

Trago a seguir algumas sugestões finais.

- Pratique a via de mão dupla: como acontece naturalmente nas relações, interesse-se também pelo conteúdo produzido pelas pessoas que estão conectadas com você. Leia as postagens de amigos, clientes e potenciais clientes. Comente e compartilhe o que achar interessante. Tendemos a simpatizar mais e a dar maior atenção àqueles que interagem com o nosso conteúdo e participam de nosso dia a dia.
- Não tenha mensagens automáticas, padronizadas, e procure responder tudo em menos de vinte e quatro horas. O ideal, na verdade, é retornar em menos de duas horas. As pessoas se sentem valorizadas e especiais ao respondermos com agilidade e de maneira personalizada.
- As suas redes sociais são uma extensão da sua vida. Cuide de tudo pensando nisso, mas nunca descuide do bom senso. Se não for do seu estilo postar uma foto com os seus filhos na piscina, tudo bem, deixe isso de lado. Faça aquilo que se sentir bem e à vontade. Só não deixe de fazer.

Avançando na nossa jornada empreendedora, vamos conversar sobre sociedade no próximo capítulo. Vale a pena ou não ter sócios? É o que veremos a seguir.

CAPÍTULO 11

Vale a pena ter sócios?

Eu sei que há pessoas que não querem ou acham que não compensa ter sócios por motivos diversos, como: fizeram algum projeto em sociedade no passado e a experiência não foi positiva; presenciaram na família pais, tios ou avós que enfrentaram problemas com seus sócios; não desejam dividir os resultados alcançados do negócio com outras pessoas etc.

Vou lhe mostrar, porém, uma visão diferente. A minha resposta é: sim, vale muito a pena ter sócios, ainda mais para quem está começando a própria empresa. E vou explicar o porquê neste capítulo, apontando os princípios para fazer uma boa sociedade e como lidar com as dificuldades que se apresentam ao longo do caminho.

COMPLEMENTARIDADE É IMPORTANTE

Empreender sozinho é uma tarefa árdua, pois nenhum de nós tem todas as habilidades necessárias para tocar um negócio sem a ajuda de outros. E aqui eu falo de habilidades técnico-operacionais, emocionais e de todos os tipos. Se quisermos evoluir em nossos negócios, sempre precisaremos contar com o trabalho de pessoas com habilidades complementares às nossas. Exemplo: se trabalho bem as funções de marketing e vendas, mas tenho dificuldades em questões administrativo-financeiras, preciso de alguém que seja bom nisso. Se eu cuidar diretamente do administrativo-financeiro, desperdiçarei muita energia e tempo e é bem provável que eu não consiga fazer nem o mínimo necessário de modo bem-feito.

Diante disso, há pessoas que preferem apenas contratar profissionais especializados e que entendam daquilo que elas não entendem. A meu ver, isso pode trazer problemas futuros no sentido de que você pode ficar totalmente dependente desses profissionais. E é provável que tenha que fazer substituições com frequência. Faz sentido para você?

Um ou mais sócios com perfis complementares ao seu vão resolver as suas lacunas de habilidades. É assim que você vai conseguir avançar, escalando o crescimento de sua empresa. Considero um erro firmar uma parceria com alguém com as mesmas características que você. Imagine um chef de cozinha e um arquiteto abrindo juntos um restaurante. As chances são altas de o lugar ter 1 mil metros quadrados de área e uma infraestrutura que poderia ser mais enxuta se alguém que entendesse de finanças fizesse parte da sociedade, por exemplo.

Na Forum, era assim: o Tufi cuidava mais da parte criativa da empresa, que envolvia criação de produtos, marketing e vendas, enquanto o Isaac administrava o operacional, cuidando de produção, logística, financeiro e outras funções.

Eu realmente recomendo que você pense nisto: seja sócio de alguém com um perfil complementar ao seu.

A seguir, para ajudar você a escolher com quem dividir o comando da sua empresa, destaco alguns critérios que, no meu entendimento, devem guiar a sua escolha.

Critérios pessoais

Observe o caráter, o passado, os princípios, os valores, o momento de vida pelo qual está passando um potencial sócio. Lembre-se de que você vai passar mais tempo com ele ou ela do que com a sua família. Se não houver um alinhamento nesses quesitos, a sociedade não dará certo.

Prefiro perder o negócio a me unir a alguém que maltrata os outros, não honra seus compromissos e não é fiel às suas palavras, por exemplo. Isso fere os meus valores e jamais funcionaria.

Por isso fique atento: se alguma característica do outro o incomoda muito, não vai dar certo. Mesmo que o potencial sócio seja um gênio e tenha o melhor networking do mundo.

Certa vez, desfiz uma sociedade ao saber que o meu parceiro havia falsificado uma assinatura no passado. Ele era muito competente e 100% correto comigo, mas aquilo não me caiu bem, já não podia mais confiar nele.

Observe bem a pessoa antes. Ela tem inveja dos outros? Isso vai gerar conflito se a sua participação for maior do que a dela no negócio, por exemplo.

E digo mais: conversem sobre planos de curto, médio e longo prazo, questões religiosas, orientação sexual, veja se a pessoa tem uma boa relação com o dinheiro, se convive bem com os seus familiares, se tem boa saúde mental. Observe tudo. Todos esses pontos e todos os outros que fizerem sentido para você.

É preciso confiar para ser sócio de alguém. Lembre-se disso.

Outros critérios (técnicos, operacionais e de alinhamento de objetivos)

Seja prático e avalie detalhadamente o que você e o potencial sócio têm a oferecer para o bem-estar dos negócios da empresa.

A partir da minha experiência, aprendi que é melhor se os parceiros tiverem idade e condição socioeconômica próximas.

A Carol, hoje minha sócia no Duek Lara Group by ONE Sotheby's International Realty, foi antes minha *broker* e sempre me ajudou e contribuiu muito para o crescimento da empresa. Cuidava da companhia mais do que eu. Vinha sempre cheia de ideias, de vontade, já tinha cabeça de dona antes de entrar na sociedade. Era a nossa melhor corretora de imóveis.

Tanto que eu decidi dar 10% da empresa para ela depois de um ano e meio de trabalho. Temos uma relação de respeito, complementaridade de habilidades, compartilhamos dos mesmos valores e os nossos objetivos pessoais e profissionais em relação à empresa estão alinhados.

No que se refere aos objetivos pessoais, destaco que não existe certo e errado. Vale o combinado, o que é confortável para todos. Se a Carol precisa se ausentar para cuidar do filho, ela tem o meu apoio e eu não deixo que nada a incomode nessas ocasiões. Se preciso me isolar para organizar as minhas ideias por alguns dias, ela também não deixa ninguém me incomodar.

Conheço a história de uma empresa na qual os três sócios têm um acordo por meio do qual cada um pode tirar um ano sabático enquanto os outros dois tocam o negócio. E tudo bem. Alinhar previamente qual será a dedicação de tempo de cada um dos sócios ao negócio e de quais funções cada um cuidará são fundamentais, pois, assim, atritos serão evitados.

Isso, claro, além da abertura permanente entre os sócios para conversar sobre tudo. Se não puderem expor uns aos outros de maneira respeitosa, clara e sincera o que pensam e suas visões para o aproveitamento de oportunidades e a soluções de problemas, a sociedade não dará certo. Sem diálogo franco e frequente, as coisas não andarão.

Ainda sobre questões práticas e operacionais, na minha empresa de motorhomes, o Flávio, meu sócio, prefere ficar com a parte mais técnica do negócio. Já eu gosto de cuidar do marketing e vendas. Tudo se encaixa, pois temos tudo muito bem combinado entre nós.

E um ponto muito importante: lembra-se da nossa conversa no primeiro capítulo sobre mindset de crescimento? Esteja ao lado de alguém que, assim como você, também busque a prosperidade. Uma pessoa que tenha ambição e vontade de crescer. Qual é a vontade que seu potencial sócio tem para vencer?

É essencial ainda que um vibre com o sucesso do outro. Quando a Carol comprou o primeiro imóvel dela depois da nossa sociedade, escrevi uma carta de felicitações, levei champanhe e um presente para a casa dela, para comemorar. Como sou apaixonado por carros, tenho certeza de que, no dia em que eu realizar o sonho de ter uma Ferrari, ela vai me ligar emocionada.

O Flávio é do mesmo jeito: vibrou quando eu consegui o meu visto de residência permanente nos Estados Unidos. E, claro, em tantos outros momentos da minha vida. Sei que ele quer o melhor para mim e a recíproca é verdadeira, eu também torço por ele.

Tudo isso amplia a confiança e a vontade de seguir em frente juntos, reforça o vínculo.

A MELHOR SAÍDA

Se, por acaso, ao longo do caminho, você sentir que as coisas não estão indo bem, não será nenhuma tragédia romper a sociedade, faz parte do jogo.

Aqui vai uma recomendação: faça um acordo com a outra parte, assumindo um prejuízo para você. Perca um pouco e assim o outro vai ver a sua decisão com bons olhos e não vai lhe trazer problemas futuros porque viu que foi um acordo vantajoso para ele. Sair bem de uma sociedade é fundamental também para a sua saúde mental.

Porém, a princípio, nem vamos pensar nisso. Saiba que estou torcendo por você. Dentro do possível, cuide do bem-estar de seu sócio. Ao cuidar dele ou dela, você está cuidando de sua empresa. Vocês não precisam ser amigos, mas, sim, zelarem um pelo outro e conviverem bem.

Muito sucesso para vocês!

No próximo capítulo, vou lhe mostrar porque vale muito a pena a sua empresa já ter atuação internacional desde o começo de suas operações. Você verá que é bem viável e interessante fazer negócios internacionais.

@andreduek

Seja sócio
de alguém
com um perfil
complementar
ao seu.

CAPÍTULO 12

Crie sua empresa com um pé no exterior desde o início

Sim, você leu corretamente o título deste capítulo. Levar a sua empresa para o exterior não só é possível, como vai ajudá-lo a melhorar a sua operação e aumentar as chances de ampliar seus resultados. Ao contrário do que muitos pensam, empreender no exterior não é algo complexo e inacessível para pequenas empresas. Veremos que os benefícios de fazer negócios fora do país são vários, e, no mínimo, você precisa avaliar essa possibilidade com bastante atenção. Gostou da ideia? Vamos avançar nisso então.

DIFERENÇAS QUE PODEM AGREGAR MUITO

Para começar, ao atuar em um mercado novo, você vai conhecer um sistema de gestão diferente, novas leis e novos modos de se fazer negócios, e também os comportamentos distintos dos consumidores. Com isso, poderá ter novas ideias e passar a ver a sua empresa no Brasil de um jeito que você nunca a enxergou antes.

A partir da minha experiência como empreendedor nos Estados Unidos, posso dizer que, aqui, tudo é feito de modo mais simples. O sistema de contabilidade americano, por exemplo, não é tão complexo como o brasileiro, e a sua contabilidade pode ser administrada com o apoio de um software básico.

Nas reuniões, se a sua empresa for de pequeno ou médio porte, não vai ter ninguém para servir o café. E tudo bem: haverá sempre uma máquina onde todos poderão se servir da bebida à vontade.

Em muitos prédios comerciais, não há recepcionistas no térreo. Seus clientes ou parceiros comerciais chegam, tocam o interfone e você desce para recebê-los. Simples assim.

Mesmo os escritórios podem ser bem montados e com o mínimo de conforto em espaços compartilhados com outras empresas, os famosos coworkings. Por que não?

Nos eventos, serviços de bufê podem ser ótimos mesmo sem toda a sofisticação observada no Brasil. Basta que o menu esteja correto e seja bem-preparado. Ninguém vai reparar que não havia cinco opções diferentes de petiscos, não é preciso tanto.

Diante disso, de tudo o que aprendi, faço um mix entre o jeito brasileiro de operar e o estilo americano já que nós, brasileiros, somos mais calorosos, atenciosos, criativos e engajados para resolver as dores dos clientes ao atendê-los, ou seja, queremos surpreendê-los, encantá-los e fidelizá-los, entregando além do esperado. Unir o melhor das duas culturas me dá um diferencial competitivo importante como empreendedor. Portanto, ao passar a atuar no exterior, a sua empresa pode aproveitar o *benchmarking* dela própria no Brasil, trazendo para os EUA o melhor em termos de qualidade de atendimento e relacionamento com os clientes, além de outros diferenciais em relação a produtos e serviços.

Há vários motivos para você considerar se lançar no mercado externo e eu vou falar deles, mas, antes, imagino que você esteja se perguntando: como começar?

Usando o networking de alto nível no Brasil para prospectar oportunidades lá fora. Vale a mesma lógica de ativar sua rede de relacionamentos para facilitar seus negócios internacionais. Sempre tem gente conhecida em qualquer lugar, basta procurar.

Como já sugeri ao longo deste livro, faça pequenos testes de mercado nas suas redes sociais, faça enquetes com as pessoas que você conhece, vá sentindo se a sua ideia tem potencial.

REPUTAÇÃO, REFORÇO DE MARCA, MOEDA FORTE E DINAMISMO EMPREENDEDOR

Atuar no exterior pode não fazer você vender mais no Brasil, mas vai trazer um reforço de marca sem igual.

Quando começou a comercializar peças em outros países, a Forum passou a ser vista com outros olhos pelos brasileiros. Para a mídia e para os clientes, a empresa ganhou credibilidade e passou a ter reputação de marca internacional. Em linhas gerais, a percepção de valor de quem atua fora é maior. Você pode até passar a ter espaço para cobrar mais dentro do Brasil. Ter atuação internacional apresenta um potencial muito interessante de ganho de reputação.

Outro benefício: a oportunidade de conviver com pessoas que pensam muito diferente de você. Isso traz um dinamismo de negócios imenso. Viver outras culturas de negócios agrega muita vantagem competitiva, pois você aprende outras maneiras de pensar, planejar, executar e negociar.

@andreduek

Atuar no exterior pode não fazer você vender mais no Brasil, mas vai trazer um reforço de marca sem igual.

Há ainda o grande benefício do câmbio: você tem a possibilidade de ganhar mais com a atuação em um mercado de moeda forte, como o dólar. Assim você protege o seu capital de possíveis instabilidades políticas e macroeconômicas que causem desvalorização do real e reduzem o poder de compra.

COMUNICAÇÃO BILÍNGUE E OUTRAS BARREIRAS

Ao pensar em operar no mercado internacional, considere estudar o idioma do país que o interessa. Se você fala o idioma local, os estrangeiros se sentem considerados, gratos. Eles valorizam o seu esforço em se comunicar no idioma deles, e isso cria maior abertura para se fazer negócios.

Mesmo que ainda não tenha fluência, você passa a ser mais respeitado e admirado, tem uma vantagem competitiva sobre os demais concorrentes locais do país estrangeiro em que atua. Estude, dedique-se, é só uma questão de empenho. Seu sotaque é a sua defesa, todo mundo vai entender se houver um erro ou outro na sua fala. Não tenha medo de fazer negócios com estrangeiros por conta do idioma.

Com base na minha experiência em já ter assessorado mais de duzentas famílias interessadas em empreender fora, observo que muitos empreendedores impõem barreiras para si mesmos, perdem ótimas oportunidades por medo. Não temos, no Brasil, uma cultura de negócios internacionais. As barreiras, posso garantir, são muito mais psicológico-culturais do que estruturais.

Entendo que a burocracia no Brasil é enorme, que muitos se sentem engolidos pela rotina, pelos desafios, sem conseguir pensar em mais nada. Escrevi este capítulo justamente para que você se permita refletir sobre essa possibilidade. Por que não?

Outro ponto importante que leva vários empreendedores a não se internacionalizar é o tamanho do Brasil. Na cabeça deles, enquanto não tiverem uma atuação em todas as principais regiões do país, não querem nem pensar no mercado externo. Em boa parte dos casos, abrir uma frente de negócios no exterior pode ser mais simples e menos arriscado do que iniciar uma operação em outra região ou estado brasileiro.

COMO SE ORGANIZAR

A seguir, para ajudar você a se organizar, sugiro um passo a passo para sua empresa iniciar seus negócios internacionais:

- Pesquise o mercado e participe de feiras e eventos de negócios. Isso ajuda até na definição do local de atuação.

- Obtenha seus primeiros clientes no exterior com a ajuda de sua rede de relacionamentos, buscando fazer negócios com brasileiros que vivem fora e aproveitando possíveis oportunidades de apresentações e aproximações com estrangeiros por meio de seus contatos brasileiros. Lembre-se de que há muitos brasileiros bem-sucedidos vivendo no exterior e de que você pode ter colegas e amigos compatriotas com ótimas conexões no exterior com estrangeiros. Abra sua cabeça. Se eu tivesse chegado nos EUA com a intenção de vender somente para os locais no início dos meus negócios, minhas empresas não teriam dado certo.
- Comece a fazer negócios a partir do Brasil com empresas ou clientes do exterior, até por consignação.
- No caso de prestadores de serviços, busque fazer primeiro negócios virtuais, a distância, se possível em parceria com uma companhia local.
- Depois que já estiver fazendo um mínimo de negócios regulares com o exterior, pode valer a pena montar um ponto de venda e um escritório piloto. É importante ter um sócio operador no país assim que você montar a operação.

Para cumprir esses passos, serão necessários de dois a três anos. Em seguida, a empresa começa sua consolidação até o quinto ano e, daí em diante, é a fase da expansão.

Apliquei esse roteiro para as empresas que criei. Por isso digo que essa fórmula serve também para saber se o negócio dará certo ou não. Meu conselho é que você comece a sua atuação internacional aos poucos, vá fazendo testes. Se você tem uma empresa de varejo, por exemplo, não saia fazendo um grande investimento, abrindo de cara dez lojas. Abra uma, aprenda como o mercado funciona e só depois de validar o seu modelo de negócios no exterior, expanda.

Antes de iniciar a minha empresa de treinamento e desenvolvimento para empreendedores e executivos, a 1BRZ, participei de muitos eventos de gestão e negócios no Brasil e nos EUA para viver a experiência como cliente. Me cadastrei no e-mail marketing de várias empresas, para acompanhar as novidades. Fui formando a minha opinião a respeito do mercado, descobrindo quais as suas ineficiências e oportunidades. Primeiro, organizei alguns eventos menores para a comunidade de homens e mulheres de negócios brasileiros que vivem em Miami e arredores. Além das palestras com grandes especialistas em diferentes temas de gestão, empreendedorismo e inovação, oferecemos aos participantes uma experiência muito interessante de networking, na qual eles interagiram com os próprios palestrantes e entre si. Em seguida, passei a fazer outros perfis de eventos e treinamentos.

No próximo capítulo, vamos fazer alguns alertas e falar sobre as barbaridades que podem fazer o seu novo negócio não dar certo. Evitar esses erros pode fazer a diferença entre avançar ou ficar pelo caminho. Até já!

@andreduek

Em boa parte dos casos, abrir uma frente de negócios no exterior pode ser mais simples e menos arriscado do que iniciar uma operação em outra região ou estado brasileiro.

CAPÍTULO 13

Barbaridades que podem fazer seu negócio não dar certo

O objetivo deste capítulo é enfatizar e resumir alguns pontos fundamentais de que tratamos ao longo dos capítulos que compõem este bloco. Peço que me perdoe se eu for um pouco repetitivo, mas tudo o que veremos aqui é imprescindível para que a sua nova empresa tenha maiores chances de dar certo no mercado e não patine. A consciência do que não fazer é tão importante quanto a sabedoria e o bom senso sobre aquilo que deve ser realizado.

Para dar a largada da melhor maneira, coloque na sua cabeça uma coisa: não importa o que você fez antes, como executivo. Agora, como empreendedor, você está começando do zero.

E não vale escrever no cartão de visitas que você é CEO do seu negócio. Em uma empresa pequena, não existe sopa de letrinhas: não caia nessa armadilha do ego.

Na minha avaliação, o empresário precisa ter "culpa" no início de sua vida empreendedora, o que significa investir e gastar o mínimo possível e responsabilizar-se por otimizar ao máximo seus recursos, fazendo mais com menos. Cuidado com a "cabeça de executivo", com aquela vontade de iniciar um novo projeto com investimento substancial e estrutura robusta de recursos.

Criei a minha imobiliária com um investimento inicial de 30 mil dólares. Tenho uma pessoa que cuida do financeiro, ajuda com o marketing e todo o *backoffice*, uma gerente geral. Somos dois sócios, eu e a Carol, e dez corretores. Com essa base simples, comercializamos, em média, duzentos imóveis por ano e movimentamos 150 milhões de dólares em 2022 com venda e aluguel de propriedades variadas.

Já a minha empresa de motorhomes teve investimento inicial de 10 mil dólares e também possui dois sócios operadores, o Flávio e eu. Após cinco anos de mercado e já com a operação estabilizada, conseguimos captar um recurso considerável com dez investidores.

Agora preste atenção na proporção do investimento que sugiro para iniciar seu negócio, incluindo reserva de caixa para o primeiro ano: o percentual investido no negócio deve ser infinitamente desproporcional ao seu patrimônio, ficando entre 1% e 5% daquilo que você tem, nada além disso.

Cuidado ao se espelhar em grandes empresas e empresários. A realidade deles hoje, os recursos e a estrutura de que dispõem, são muito diferentes daquilo que você, que está começando, tem neste momento.

Não faça budget do seu negócio, pense que o seu orçamento é zero. Simplifique tudo o que puder.

Seja muito econômico nesses primeiros passos da sua vida empreendedora. Eu sempre busquei gastar o mínimo possível, inclusive em situações como as viagens de negócios. Na Convenção de Motorhomes de Las Vegas, fazia a minha inscrição e participava de tudo, mas me hospedava em um hotel que custava um quinto do que o oficial, onde o evento era realizado. Para ir até lá, encarava o chamado *red-eye flight* ou, literalmente, "voo dos olhos vermelhos", aquele noturno, superbásico e econômico, sem direito a nenhum serviço de bordo, que o trecho saía por 99 dólares. É o tipo de sacrifício que o empreendedor precisa fazer, lembre-se. Gaste como se você fosse um office boy nessa fase.

Faça um website básico para começar, cuide você das suas redes sociais, como já recomendei aqui antes, tenha um espaço confortável, mas básico também (usar um coworking pode ser uma boa solução). Os 30 mil dólares investidos na imobiliária incluíram o site, o aluguel de uma sala de 20 metros quadrados, duas mesas e três softwares.

Nada de sair contratando logo secretária, assessoria em comunicação e marketing digital, uma pessoa para cuidar de TI, outra para cuidar da produção etc. Não será necessário nada disso para iniciar a sua operação.

Use a sua própria mão de obra, trabalhe muito, todos devem começar dessa maneira. Entenda que, por um período, o seu tempo com a família será reduzido. E tudo bem. Você tem obrigação de estar na linha de frente. Só não se esqueça de alinhar muito bem com sua família o tempo que precisará dedicar no primeiro ano do negócio. Deixe claro para eles as razões de você precisar dedicar muitas horas nessa fase inicial. Fale do propósito da empresa, mostre que está trabalhando pelo bem-estar da família. Se você não fizer isso, sua vida poderá virar um inferno de cobranças.

O seu tempo é o seu negócio, não se esqueça.

FOQUE OS RESULTADOS DE CURTO PRAZO

Não faça um *business plan* extenso e com tantos detalhes como são aqueles típicos feitos nas grandes companhias líderes de mercado. Sugiro que você tenha um plano de negócios sucinto para um período máximo de dez anos e mínimo de três. A ideia é você ter clareza de quais são suas grandes metas e quais os possíveis caminhos para alcançá-las.

Porém, tenha cuidado para não tornar essas grandes metas uma ideia fixa, uma obsessão, em sua cabeça. Sua atenção maior deve estar nas metas de curtíssimo e curto prazo: defina, por exemplo, metas de vendas semanais, mensais e trimestrais. As coisas levam tempo para acontecer, é assim mesmo. Não fique pensando nos 100 milhões de reais de faturamento que projetou alcançar em cinco anos. Foque, primeiro, em chegar a 10 mil reais de vendas por semana, em alcançar 120 mil reais em três meses.

Eu estabeleci com a minha equipe que a nossa meta é vender 1 bilhão de dólares em dez anos. Mas se eu ficar com a mente só pensando nesse número, não vou atender bem quem me procurar para comprar um apartamento de 500 mil dólares. Só vou focar as vendas de imóveis de 5 milhões de dólares ou mais, que são mais complexas e exigem mais tempo para acontecer.

Levo em conta que os 500 mil dólares são a base do 1 bilhão que pretendo atingir no futuro. Cuide muito bem de cada cliente seu: quem compra pouco hoje pode ter potencial para gastar muito amanhã, não faça distinção.

SOCIEDADE

Quero muito reforçar este ponto na sua mente: não procure, em primeiro lugar, a parte técnica em um potencial sócio. A complementaridade de habilidades é importante, mas representa, na minha avaliação, apenas 30% do sucesso de uma sociedade. As afinidades de valores e princípios e a capacidade de dialogar, de abertura para colaborar, importam muito mais. Observe primeiro os aspectos pessoais.

Outro ponto de que cuidar: não existe esse negócio de "inveja branca". Inveja é inveja. Muito cuidado com isso. Um sócio não deve ter esse tipo de sentimento em relação ao outro porque isso pode ser destrutivo para o negócio. O mesmo vale para a sociedade com pessoas cheias de problemas pessoais, para quem não se pode nem contar as boas conquistas e novidades pessoais e familiares. Não vai funcionar.

Considero importante ainda que os patrimônios dos dois sejam próximos. Um não poderá olhar o outro com naturalidade se apenas pagou as contas do mês enquanto o outro acabou de comprar joias para o cônjuge. Isso pode mexer muito com a parceria.

MERCADO INTERNACIONAL

Para fechar, não desconsidere, desde o começo de sua empresa, ter atuação no mercado internacional. A concorrência com outras companhias brasileiras será pequena ou quase inexistente, sua empresa ganhará muito em reputação de marca dentro do Brasil, se tornará mais competitiva e dinâmica em termos de gestão, estratégia e execução, terá receitas em moeda forte e acesso a potenciais negócios maiores do que no Brasil.

Comece devagar, participe de feiras e eventos no exterior, faça *benchmarking*, conheça pessoas e crie parcerias com empresas locais. Realize testes de mercado e vendas a distância em um primeiro momento. Aprenda tudo o que puder aprender, identifique oportunidades, vá expandindo os seus horizontes. Não preparar o seu empreendimento para atuar internacionalmente desde o começo de suas operações é um erro.

Sigamos em frente. O próximo bloco de capítulos é voltado a empreendedores já estabelecidos no mercado, que desejam crescer, levando os resultados de suas empresas a novos patamares.

@andreduek

Cuide muito bem de cada cliente seu: quem compra pouco hoje pode ter potencial para gastar muito amanhã, não faça distinção.

BLOCO 3

PARA VOCÊ QUE JÁ EMPREENDE E QUER IMPULSIONAR OS RESULTADOS DE SUA EMPRESA

Nos próximos três capítulos, vou conversar com você que já empreende há um bom tempo, mas está vendo a sua empresa estagnada, perdendo vendas e até encolhendo. Saiba que o objetivo aqui é apresentar ideias, propostas e, dentro da filosofia do Método ETO, estabelecer passos para você e seu time retomarem o crescimento.

No Capítulo 14, por exemplo, vamos falar sobre como retomar o crescimento das suas vendas. Aconselho que você reflita bastante sobre esse conteúdo e que o releia algumas vezes. Pela minha experiência, há sempre diversos canais de vendas inexplorados e que podem ser testados com investimento zero ou pequeno dispêndio de capital. É bastante comum muitos empreendedores focarem sua atuação em poucos canais de vendas, que não costumam passar de dois a três.

Explicaremos ainda sobre a oportunidade que fazer negócios com o exterior representa para sua empresa. Acessar o mercado dos EUA pode ser mais simples do que você imagina. Vou trazer detalhes disso. Recomendo que preste atenção, porque a internacionalização de seus negócios apresenta um potencial muito interessante para você escalar suas vendas.

No Capítulo 16, vamos falar sobre erros que impedem o seu crescimento, como os excessos de centralização e descentralização da gestão e a não melhora de processos, entre outros pontos.

Sem dúvida, um bloco muito importante para corrigir rotas, recuperar participação de mercado e colocar sua empresa em uma nova fase positiva. Vamos questionar algumas certezas e, juntos, abrir a cabeça.

CAPÍTULO 14

Para injetar potência em suas vendas

Para você que já empreende há alguns anos e os seus negócios estagnaram ou até mesmo estejam encolhendo, veremos neste capítulo o que você pode fazer para retomar o caminho do crescimento. Existem diversas oportunidades interessantes para colocar sua empresa de volta nos trilhos e levar as suas vendas a outro patamar. Falaremos de novos canais de vendas, programas de fidelidade, marketing de referência, ações de colaboração e outras estratégias.

CANAIS DE VENDAS

Vamos focar nossa atenção primeiro nos meios e lugares onde você já realiza suas vendas. Sugiro que você entenda quais as razões de suas receitas não estarem crescendo para, em seguida, fazer um plano sucinto com as ações de correção de rota para retomar as vendas e partir para a execução, colocando tudo em prática.

Elaborei a seguir um passo a passo para facilitar sua análise e redirecionamento dos negócios:

- Reúna sua equipe comercial e faça uma reflexão com as pessoas para elencarem os principais motivos dos clientes estarem comprando menos. Escute atentamente tudo o que os seus colaborares falarem. Pergunte a eles: "Quais desafios vocês encontram na fase de fechamento? Por quais razões potenciais clientes decidiram não fechar conosco? Os clientes estão comprando de novos concorrentes? Por que escolheram essas empresas? Quais as principais reclamações dos clientes em relação aos nossos produtos e serviços?".
- Converse com os principais clientes de sua empresa e questione-os: "O que gostam em nossos produtos e serviços? O que poderia ser

melhorado neles? O que a nossa empresa poderia fazer para aumentar nossas vendas para vocês?".
- Fale com potenciais clientes que chegaram à fase de fechamento, mas decidiram não comprar de sua empresa. Muitos empreendedores e suas equipes comerciais não costumam perguntar a eles as razões de não terem fechado negócio. Esse feedback é muito precioso e você e sua equipe deveriam dar bastante importância a ele. Faça perguntas assim: "Por que vocês não fecharam conosco? O que podemos fazer diferente em uma próxima oportunidade para tê-los como clientes? O que vocês mais admiram nas empresas das quais têm comprado?".
- Organize todas as respostas coletadas nos itens anteriores. Você e sua equipe certamente identificarão várias oportunidades interessantes de melhorias nos processos de vendas e atendimento, assim como de aperfeiçoamentos nos produtos e serviços em si. Estabeleça uma ordem de prioridade para trabalhar essas oportunidades, de acordo com a viabilidade e a agilidade de implementação e o potencial de geração de receitas de cada uma. Coloque tudo isso em um plano, com cronograma, definição de novos processos e responsáveis pela execução.
- Coloque em ação o plano traçado e monitore os resultados.

Quando eu estava na Forum, desenvolvi um projeto de venda direta, o Forum Basics, com o auxílio dos pontos citados anteriormente. O projeto consistia em oferecer um novo canal de venda tendo como intermediárias as consultoras do sistema porta a porta que já trabalhavam para uma gigante do ramo dos cosméticos. Elas fariam ligações para a base de clientes cadastrados para oferecer 25 produtos que não precisavam ser provados, como perfumes, peças íntimas e acessórios, e eles poderiam comprar esses itens via telefone ou por catálogo.

Outra maneira muito interessante de aumentar suas vendas é explorar novos canais. Diferente do mito que está na cabeça de vários empreendedores, o de que para começar a trabalhar um novo canal são necessários um grande investimento e uma trabalheira imensa, digo que na realidade são requeridos pequenos testes para você checar se um novo canal pode ser uma boa oportunidade ou não. Se não der certo, você perderá bem pouco. Se a aceitação dos clientes for positiva, você terá aberto uma nova avenida de crescimento para o seu negócio.

Para ter ideias de novos meios e lugares para a venda de suas soluções, sugiro que, de tempos em tempos, você faça novos mergulhos nos hábitos do dia a dia de seus clientes. Muitas vezes você tem convicção de que já os conhece tão bem, mas na verdade não é incomum se surpreender ao descobrir momentos e lugares off-line e on-line que eles frequentam e você não tem lá suas soluções para oferecer.

Recentemente, comecei a ser convidado para eventos de barcos, como o Miami Boat Show, e algumas companhias desse mercado me ofereceram parcerias para vendermos, junto com os barcos, as casas de luxo nos canais em Fort Lauderdale e na baía de Biscayne.

Outra maneira legal de ter ideias de novos canais é olhar onde e como empresas de outros segmentos vendem seus produtos e serviços. Será que eu posso ter um ponto de venda dos meus serviços de motorhome em um cruzeiro, como fazem as fabricantes de filtro solar e chinelos?

Me vem à mente, agora, o mercado de livros. Além de vender por meio de livrarias e sites de e-commerce, se você é dono de uma editora, pode buscar vender seus títulos para empresas e associações de classe; vender para clubes de leitura; incentivar seus autores a venderem suas obras em aulas, palestras e consultorias; fazer parcerias com hospitais e empresas para a criação de bibliotecas para atender pacientes e colaboradores; buscar adoções de livros junto a professores e coordenadores de escolas e faculdades; fazer parcerias com organizadores de eventos diversos e ter um espaço nos eventos feitos por eles para venda de uma seleção específica de livros (obras de gestão e negócios vendidas em congressos e simpósios da área; títulos religiosos oferecidos nas atividades realizadas em igrejas e templos etc.). Enfim, as possibilidades são muitas e testá-las, em boa parte das vezes, requer apenas investimento de tempo.

Toda companhia tem a possibilidade de ativar canais alternativos. Não foque apenas os canais onde você e seus concorrentes já atuam. Busque desenvolver novos canais que proporcionem conveniência e economia de tempo para os seus clientes. Tome cuidado para não cair na armadilha da mentalidade "só vamos trabalhar onde não vai dar trabalho".

Aqui nos Estados Unidos há modelos de assinatura de serviços para tudo. Você já pensou em criar algum serviço de assinatura para os seus produtos e serviços? Há barbeiros que oferecem cortes de cabelo e barba por assinatura. Até de lava-rápido você pode pagar uma assinatura para ter direito a um número ilimitado de lavagens por mês. Com isso, os empresários desse mercado conseguem ganhar também nos dias quando chove, sem precisarem limpar o carro de ninguém.

Quando fui sócio na grife Carina Duek, entre 2008 e 2012, desenvolvemos um novo canal para ampliar as vendas: o sistema Carina Duek To Go.

Do que se tratava? Do envio de uma mala bonita e personalizada para a casa das clientes. As malas tinham três divisórias, cada uma com um kit: roupas de trabalho, fim de semana e festa. Eram três a quatro peças por kit. Os resultados foram absurdos, muito bons. Vendíamos, em média, 3 mil reais em roupas por envio, enquanto na loja o tíquete médio por cliente era de 1,2 mil reais. Os vendedores indicavam clientes da sua carteira para receber a novidade em casa, com o limite de uma mala por semana por vendedor. As clientes eram escolhidas a dedo. Veja a conveniência de a mala ser entregue na casa da cliente para ela poder ver e experimentar as roupas com calma e em seu tempo.

Como exemplo de que sempre há como ampliar as possibilidades de canais, é o fato de a gigante do varejo virtual, a Amazon, decidir ter lojas físicas. Isso para ter um canal de vendas a mais.

PROGRAMAS DE FIDELIDADE

Outro bom caminho para fazer as vendas crescerem é investir em programas de fidelidade. Nos Estados Unidos há uma cultura forte nesse sentido.

Para mim, fidelidade é vender quando a pessoa não está precisando, o que pode ser feito de várias maneiras. Como, por exemplo, dando prioridade de venda dias antes de um novo lançamento ou oferecendo exclusividade. Já pensou se a Apple, entre o lançamento do iPhone 15 e do 16 lançasse uma versão 15.5 apenas para quem tivesse comprado os últimos cinco modelos da marca? Não seria um sucesso? A Ferrari dá preferência para vender novos modelos a donos de veículos da marca. Com isso, quem tem um carro deles na garagem se sente exclusivo, privilegiado. E segue comprando novos.

Algumas ações de fidelidade podem até reduzir a margem de lucro no curto prazo, para ampliá-la mais adiante, pela permanência do cliente no longo prazo. Quando participei pela primeira vez da National Retail Federation, o maior evento de varejo mundial, em Nova York, assisti a uma palestra de uma companhia internacional que estava implantando um sistema de bônus recorrente para que os clientes voltassem com mais frequência às lojas para comprar. A partir daí, desenvolvemos na Forum um cartão chamado bônus *gift card*, que consistia em conceder 10% do valor da venda anterior por meio da emissão de um voucher para que o cliente usasse na próxima compra. Porém, muitos clientes utilizavam esse crédito para adquirir um produto quase da totalidade do valor desse voucher. No curto prazo, não tivemos lucro com esse programa. Pouco tempo depois do lançamento do benefício, ajustamos as regras de uso e estabelecemos que o cliente poderia utilizar o crédito somente até um valor máximo de 50% do total da compra.

@andreduek

Muitas vezes você tem convicção de que já conhece bem os seus clientes, mas na verdade não é incomum se surpreender ao descobrir momentos e lugares off-line e on-line que eles frequentam e você não tem lá suas soluções para oferecer.

Na minha imobiliária, faço fidelização por meio de eventos e experiências que ofereço aos meus clientes. No 1BRZ Talks, meu evento sobre tendências de empreendedorismo, inovação e desenvolvimento profissional, eles tiveram lugar na primeira fila e não pagaram nada para ter acesso a um conteúdo de alta qualidade entregue por excelentes palestrantes. Também organizei eventos para eles em parceria com grifes como a Tiffany & Co., Trousseau e a Rolex. Recentemente, patrocinamos um evento exclusivo para quarenta clientes em uma apresentação com um dos *top speakers* do escritor e palestrante Tony Robbins.

Ações assim atraem e encantam clientes, fidelizam antes mesmo que eles efetivamente comprem alguma coisa com você.

MARKETING DE REFERÊNCIA

Aqui temos outra ferramenta interessante para aumentar suas vendas, o marketing de referência. Do que se trata? Da produção de *reviews*, comentários e depoimentos sobre o seu produto ou serviço.

Sabe aqueles clientes que se sentem muito gratos e dizem "não tenho como agradecer a você"? São aqueles a quem respondo: "Quer me agradecer mesmo? Entre no meu site e deixe o seu depoimento. Vá no Google e faça um *review* justo".

Tudo isso conseguimos ao atender o cliente querendo realmente ajudá-lo, quer ele feche a venda ou não. É mostrar o produto, demonstrar atenção, ajudar a cuidar do filho pequeno que está querendo correr na loja.

Muitas vezes já fiz compras só porque fui tão bem atendido que fiquei constrangido de não levar nada. E ainda recomendei a loja para amigos e conhecidos.

São aqueles casos em que, nos restaurantes, depois de descrever dez pratos e ouvir de mim que nada me agradou, o garçom pergunta o que eu gosto de comer e diz que vai pedir para o chef preparar exatamente isso. A sua experiência foi tão positiva que a tendência é você espontaneamente recomendar esses restaurantes a várias pessoas.

COLLABS E VENDAS INTERNAS

As *collabs* são parcerias entre empresas, pessoas ou mesmo entre empresas e pessoas. É quando fazemos ações em parceria com empresas que não concorrem com os nossos negócios, mas que atendem ao mesmo público que o nosso ou atendem a públicos similares. É uma associação entre marcas, por isso precisamos ser seletivos na escolha de nossas parcerias.

Na Forum já fizemos campanha com uma rede de restaurantes para oferecer descontos de 20% para quem comprasse acima de 1 mil reais nas nossas lojas. Na outra ponta, quem comprasse determinado vinho, teria um direito a um *voucher* de 30% de desconto na compra de uma calça jeans da nossa marca. E assim por diante.

Recentemente, convidamos um artista plástico para expor obras em um apartamento que nós estávamos vendendo. Na ocasião, ele pintou um quadro ao vivo e nós sorteamos a peça. Participaram do evento setenta pessoas, que ficaram impressionadas com o seu trabalho e passaram a conhecê-lo, assim como os clientes adoraram a experiência de visitar uma exposição em um imóvel à venda, o que facilitou a comercialização da unidade.

Como você pode ver, não há limites quando o assunto é criatividade.

Vale a pena explorar ainda as vendas internas, o que até em uma empresa pequena já dá para fazer. Um restaurante, por exemplo, pode oferecer descontos para fornecedores e seus familiares.

Na Forum, os funcionários pagavam a metade do preço para comprar as peças da marca, um benefício que era estendido também para as suas famílias. Queríamos que todos usassem Forum e Triton com orgulho.

Eventualmente, ainda fazíamos ações com públicos externos de empresas parceiras, como nas situações em que convidávamos os funcionários de uma grande operadora de cartões de crédito para comprar nossas roupas pagando 50% menos em um dia determinado. Fazia fila!

Penso ainda que as empresas poderiam fechar mais parcerias entre si, para que umas pudessem oferecer seus produtos às outras.

TRABALHE OS NICHOS

Vamos a mais uma oportunidade para ajudar você a vender mais: fique atento aos nichos.

Eu sempre fiquei curioso a respeito da oferta de motorhomes de dois lugares para locação, algo que nenhuma empresa vendia no mercado. Os casais, de modo geral, alugavam veículos de quatro lugares. Assim, fizemos um teste com um veículo de dois lugares, disponibilizando-o para aluguel. Rapidamente ele virou um destaque de vendas: não havia concorrência para aquele produto.

Não há muito tempo, as principais empresas operadoras de planos de saúde, ao perceberem a grande importância dos *pets*, que saíram dos quintais de suas casas para se tornarem membros das famílias, dormindo no quarto ou na cama de seus donos, assim como o aumento crescente dos gastos com saúde e tratamentos para esses bichinhos, criaram os planos de saúde para gatos e cachorros. Observe que nicho fantástico de mercado: seu potencial de crescimento é imenso nos próximos anos, dado o encolhimento das famílias, que estão tendo menos filhos, e o aumento do número de casais jovens decididos a não ter filhos, mas que fazem questão de terem "filhos peludos".

OFEREÇA CONTEÚDO

Por fim, considero fundamental a oferta de conteúdos gratuitos on-line. Podem ser vídeos curtos, tutoriais e até palestras explicativas sobre as dores que sua empresa resolve. É dono de uma empresa de limpeza de piscina? Faça um vídeo ensinando as pessoas a limparem as delas. É um erro achar que isso pode espantar clientes. Muita gente vai assistir por curiosidade, por exemplo, para ver como você trabalha. E depois contratá-lo.

Nas minhas lives, já falei quase tudo sobre como comprar um imóvel para morar ou para investir, como mantê-lo e assim por diante. Já entreguei muito conteúdo gratuitamente, sei que isso é fundamental para criar autoridade e para chamar a atenção das pessoas.

Acima de tudo, lembre-se de como é importante pensar fora da caixa. E fazer o que os seus concorrentes não estão fazendo. Sempre haverá espaço para você crescer. Não tenha preguiça de pensar e agir diferente. Essa é a mensagem central deste capítulo. Como internacionalizar o seu negócio é o tema do próximo.

@andreduek

Não há limites quando o assunto é criatividade.

CAPÍTULO 15

Como internacionalizar seus negócios

Um caminho muito interessante para o crescimento de sua empresa é fazer negócios no exterior. Destaco algumas vantagens que a internacionalização traz para as empresas que realizam esse movimento: alcance de novos mercados, o que significa ampliação da base de clientes; redução da dependência apenas do mercado brasileiro e proteção frente às oscilações e crises que abalam de tempos em tempos o Brasil; aumento da percepção de valor para as suas marcas por conta da credibilidade e visibilidade que a atuação no exterior proporciona no mercado brasileiro (ex.: a empresa XYZ e suas marcas estão disponíveis no Brasil e nos EUA); ampliação da base de fornecedores e mais fontes de matérias-primas; ampliação do potencial de inovação graças ao acesso a pessoas de outras culturas, tecnologias e visões e práticas de gestão e negócios diferentes daquelas existentes no Brasil etc.

Nas próximas páginas, apresento a você orientações de como expandir os negócios de sua empresa para fora do Brasil, mais especificamente para os Estados Unidos, país que escolhi para empreender. Vamos a elas.

OS PASSOS FUNDAMENTAIS

Passo 1: A escolha do visto conforme o seu objetivo

Ter visto de trabalho e de negócios são duas coisas bem distintas e muitos empreendedores confundem as duas coisas.

Caso você não queira morar nos Estados Unidos ou considere que ainda não é o momento para isso, para a sua empresa poder fazer negócios nos EUA você precisa de um visto de negócios. Somente assim é possível participar de feiras, reuniões e prospecções de fornecedores, clientes e outros parceiros de negócios locais. Existe até a possibilidade de abrir uma base (um escritório ou representação) da sua companhia aqui sem trabalhar no país, desde que você tenha um operador, um *manager* local.

Agora, se você decidir morar aqui e colocar a mão na massa diretamente, vai precisar de um visto de trabalho.

Recomendo que você contrate uma consultoria especializada em vistos imigratórios para orientá-lo sobre as características de cada um e o passo a passo para se obtê-los.

Passo 2: A regra dos dez

Sugiro que você siga uma recomendação simples, criada por mim, e que sempre funcionou muito bem: a regra dos dez. O que ela significa? Não inicie uma operação no exterior sem ter ido ao país no mínimo dez vezes, sem ter feito dez reuniões com possíveis clientes e parceiros de negócios e participado de dez eventos locais de negócios de seu setor.

Com menos conhecimento do que isso, na minha avaliação, não se tem um bom entendimento do mercado americano.

Recomendo que essa fase de observação dure no mínimo de seis meses a um ano e, no máximo, de um ano a dois.

Passo 3: Primeiro teste o mercado para só depois criar uma base mínima de atuação nos EUA

Antes de sair investindo na montagem de uma estrutura para produzir e vender nos EUA, você precisa testar o mercado local aplicando pouco capital. O melhor caminho para testar o apelo de seus produtos e serviços é associar-se a uma empresa local, que já tenha uma estrutura comercial funcionando a todo vapor. Se você vende produtos físicos, por exemplo, esse parceiro poderá atuar em um primeiro momento como distribuidor.

Assim que o mercado estiver validado, com seus produtos bem-aceitos no mercado local, você estará pronto para dar o próximo passo, que seria montar um ponto de venda e uma sede pilotos. Nesse caso, você poderia aprofundar sua parceria com o distribuidor criando uma joint venture com ele ou, caso deseje estabelecer uma operação totalmente independente, é muito importante que arranje um sócio operador no país para tocar o dia a dia dos negócios.

Você deverá levar, em média, de dois a três anos para passar por essas duas fases. Essa fórmula serve também para saber se o negócio dará certo ou não.

@andreduek

Não inicie uma operação no exterior sem ter ido ao país no mínimo dez vezes, sem ter feito dez reuniões com possíveis clientes e parceiros de negócios e participado de dez eventos locais de negócios de seu setor.

Passo 4: Mude-se para o exterior para liderar diretamente a consolidação e expansão dos negócios

Agora, sim, chegou a hora de começar a trabalhar e investir mais tempo e dinheiro no negócio: você entrará nas fases de consolidação e expansão. Os seus negócios no exterior já geram receita previsível e você já tem a confiança e os dados necessários para ir ampliando suas operações gradativamente, usando, inclusive, uma parcela desses resultados que tem auferido como parte do investimento para o crescimento da operação americana. Para que a consolidação e a expansão dos negócios aconteçam bem, o ideal seria você se mudar para os EUA. A proximidade do dono nessas etapas faz uma diferença fundamental para o fortalecimento da cultura na subsidiária e para que decisões estratégicas e sua implementação sejam mais ágeis e mais bem conduzidas. Se você não puder viver nos EUA, seria fundamental enviar uma pessoa de sua mais alta confiança, que conheça muito bem o DNA de sua empresa, para liderar esse momento das operações no exterior.

Um adendo: se você se decidiu pela mudança e a fará, por exemplo, daqui a seis meses a um ano, vá apresentando esse movimento nas suas redes sociais, compartilhando as suas novas experiências e os seus conhecimentos sobre o mercado americano. Quando você efetivamente estiver em solo estrangeiro, todo mundo vai pensar que você já estava lá. Foi assim comigo. Lembra-se da hashtag #andreprefeitodemiami, criada pelos meus amigos? Não trabalhe quietinho: crie expectativas nas pessoas. Procure organizar uma estratégia como aquela que os restaurantes chamam de *soft opening*, na qual a operação começa a funcionar aos poucos, alguns dias por semana, por exemplo. Assim, do seu modo, compartilhe com os seus seguidores as suas ações e buscas, mostre que você é uma referência na sua área de atuação.

PRINCIPAIS ERROS

Agora que você já tem um guia essencial de como começar a se internacionalizar, destaco a seguir alguns dos principais erros dos empreendedores em seu processo de internacionalização:

- É fundamental saber adaptar o seu modelo de negócios, produtos e serviços à realidade local americana. A palavra é adaptar mesmo, em vez de seguir o que dizem sem nenhum critério. É um clichê nos Estados Unidos a ideia de que "americano não gosta de brigadeiro", mas eu já vi empresas brasileiras especializadas no docinho se saírem muito bem aqui, fazendo algumas alterações no produto que levaram os clientes a se apaixonarem por ele. Faça as suas pesquisas e adapte o que for preciso. Por isso, é tão importante testar o mercado, colher feedbacks dos clientes e ajustar o que for necessário até arredondar o produto e o serviço. Estou falando em adaptação e não reinvenção.

- Se for para os Estados Unidos, por exemplo, não coloque apenas americanos para trabalhar em seu negócio. Assim, você não vai desfigurar a cultura da sua empresa, o seu jeito de fazer as coisas. Lembre-se, uma cultura forte, ou seja, o jeito que um grupo pensa e executa os negócios de uma empresa é um de seus principais fatores de sucesso e competitividade no mercado.
- Cuidado com o vício da superestrutura de pessoas e espaço, que são relativamente comuns no Brasil por conta de nossa mão de obra ser mais barata e de os preços dos aluguéis serem mais acessíveis. Não queira, nesse ponto, ser diferente do modo como os empreendedores dos EUA fazem: eles atuam com um número menor de pessoas e trabalham o espaço com outra visão. Nos Estados Unidos, é muito comum que se diminua o espaço de *backoffice* para o aproveitamento máximo do ponto de venda em si. Nos escritórios, uma impressora para todos é suficiente, normalmente uma central, instalada no corredor. Outros espaços costumam ser compartilhados, como banheiros e cozinha. Ações assim reduzem muito os custos com aluguel.
- Não pratique o sofisticado marketing brasileiro. Nos Estados Unidos, o básico bem-feito já é o suficiente. Não faça a impressão de sua papelaria no papel mais caro à disposição no mercado. Seus displays, banners e outros materiais de comunicação não precisam ser sofisticados. Se vai organizar um coquetel para clientes e outros parceiros, não é necessário ter cinquenta itens no cardápio para receber vinte pessoas. Não é preciso encomendar dez tipos diferentes de bebida e cinco sobremesas, como é tão comum no nosso país.
- Considere o risco de *liability*, de sua responsabilidade civil enquanto empreendedor. Nos Estados Unidos, se você recebe em casa uma família com crianças, e uma delas tem uma crise alérgica alimentar, por exemplo, o responsável é você, que não perguntou previamente aos pais o que a criança poderia ou não comer. Se você está levando um cliente em seu carro, e um terceiro provoca um acidente, você é o responsável por aquele a quem está dando carona. Por tudo isso, questões de cultura, costume e legislação, é essencial ter um seguro de erros e omissões.

- Não descuide das licenças necessárias para poder trabalhar com tranquilidade. Não existe função genérica nos EUA, é necessário ter autorização para exercer cada atividade específica. Saiba que você será denunciado pelos concorrentes locais por exercício ilegal da profissão se não cumprir esse requisito. E os seus prejuízos serão imensos. Para você ter uma ideia, um corretor de imóveis não pode dar orientações de investimento para seus clientes. Não pode usar como argumento para a venda de unidades que a compra de uma sala para locação, por exemplo, trará tanto de rentabilidade ao ano. Essa função de aconselhamento em investimentos envolvendo imóveis deve ficar a cargo de um especialista em investimento licenciado. Se sua atividade profissional requer conhecimentos jurídicos, tributários, contábeis, financeiros e de outras áreas, mesmo que você domine esses assuntos, não preste você tais serviços. Os riscos não valem a pena. Trabalhe em parceria com profissionais habilitados. Ter uma rede de especialistas ao seu lado confere, inclusive, maior profissionalismo, reputação e visibilidade ao seu negócio: do ponto de vista dos clientes e de potenciais novos, você transmite a visão de que a "empresa ABC oferece a solução completa, de ponta a ponta, de que o cliente precisa para resolver sua dor".
- Lembre-se de que, nos Estados Unidos, o vínculo empregatício é muito flexível. Quem trabalha aqui pode ser dispensado amanhã e sair sem levar nada, contudo, caso haja um contrato de trabalho por tempo determinado, ele deve ser cumprido à risca, pois, do contrário, você será acionado e condenado na Justiça a pagar uma indenização elevada.
- Ações por dano moral são algo muito sério nos Estados Unidos. Por isso, sempre alinhe muito bem as expectativas de todos os envolvidos em uma relação de negócios. Não pode existir margem para dúvidas e falta de clareza. Quem se sente lesado realmente vai atrás de uma compensação. Fique atento.
- Não deixe de ter um sócio-operador. Todo negócio precisa de um dono com a barriga no balcão.
- Tenha cuidado com o chamado *no-soliciting* – ou, em tradução livre, agir sem a devida solicitação –, pois a legislação americana não permite. Não aborde alguém ou telefone para alguém sem ser autorizado a fazer isso.

PONTOS FORTES

Alertas feitos quanto aos erros, é hora de destacar os pontos fortes do empresário brasileiro. Isso para você entender os diferenciais que nós, brasileiros, temos quando decidimos fazer negócios nos Estados Unidos. São eles:

- O nosso padrão de prestação de serviços, atenção e educação com o cliente é muito superior, e isso é um diferencial competitivo poderoso nos EUA.
- Senso de humanidade, energia positiva e disposição genuína para ajudar o cliente. Já dei descontos para clientes em momentos de calamidade aqui, como as passagens de furacões, e ainda indiquei pessoas para ajudar a arrumar o telhado de quem estava precisando. Isso é um fator poderoso de encantamento e fidelização. Os americanos sentem uma gratidão enorme por quem os ajuda quando mais precisam.
- Nós vamos além do combinado com os clientes, entregamos mais do que o esperado.
- Somos cordiais, e atender o cliente da melhor maneira possível costuma ser uma prioridade. Somos capazes de gentilezas como abrir a porta do restaurante para o cliente mesmo que faltem apenas dez minutos para o horário oficial de fechamento da casa.
- Os brasileiros consideram as dores dos clientes de maneira completa, indicando os serviços de outros profissionais. Não basta contribuirmos apenas com a nossa parte. Costumamos considerar as dores de nossos clientes como nossas também e não sossegamos até ajudá-los na resolução integral delas.
- Temos muita iniciativa para resolver problemas de atendimento. Um exemplo simples: se em uma pizzaria, nos Estados Unidos, um cliente pede uma pizza grande de pepperoni esquecendo que os seus filhos, duas crianças, podem achar o sabor muito forte e, quando a refeição é servida, eles não comem, um empresário brasileiro muito provavelmente irá até a mesa da família e oferecerá duas fatias da de muçarela para os pequenos.
- Somos criativos, sabemos fazer as coisas de um jeito caloroso e diferente. Conheço um empreendedor que prosperou aqui ao oferecer o serviço de lava-rápido ao estilo brasileiro, com funcionários limpando os veículos em vez de máquinas. Mesmo custando mais caro que o sistema à moda americana, com tudo automatizado, ele e sua equipe lavavam 150 carros por dia. A experiência dos clientes

é ótima, pois o lava-rápido oferece atendimento e serviço impecáveis para os quais praticamente inexiste concorrência. Um sucesso!
- Somos curiosos e comunicativos. Isso nos ajuda a descobrir gargalos e falhas. Vamos até a mesa dos clientes, por exemplo, e perguntamos se foi tudo bem no jantar. Sabemos pedir feedbacks e melhoramos as nossas soluções.
- Somos mais flexíveis com horários. Se uma empresa fecha às 17 horas, um funcionário americano já não atende o telefone às 16 horas e 55 minutos. Um brasileiro, muito provavelmente, atenderia essa ligação.
- Temos preocupação genuína com as pessoas, sejam clientes, funcionários ou fornecedores. Os americanos valorizam muito isso.

Espero que este capítulo tenha convencido você sobre a grande oportunidade que fazer negócios nos EUA representa. Não tenho dúvidas de que a internacionalização é uma opção que vale muito a pena para você ampliar e crescer seus negócios.

Vamos falar no próximo capítulo dos erros de gestão que impedem o seu negócio de crescer e como você deve lidar com eles para que deixem de atrapalhar a sua empresa de vez.

@andreduek

Não trabalhe
quietinho:
crie expectativas
nas pessoas.

CAPÍTULO 16

Erros de gestão que impedem o seu crescimento

Muitas empresas param de crescer e entram em uma trajetória de encolhimento por conta de alguns erros de gestão que tenho visto acontecerem de maneira recorrente com muitos empreendedores e negócios. Assim, convido-o a explorarmos juntos essas ameaças e afastá-las de vez de você e de sua equipe.

EQUILIBRE CENTRALIZAÇÃO E DESCENTRALIZAÇÃO

Depois de ter tido contato com diferentes estilos de gestão, aprendi que o ideal é adotar um modelo que equilibre centralização e delegação. Um modo de administrar o negócio que comece pela centralização e vá se abrindo para delegar as responsabilidades aos poucos.

O estilo centralizador envolve controle e atenção aos detalhes de como as coisas são feitas no dia a dia, as pessoas vão tomar mais cuidado porque sabem que você está em cima. Por outro lado, o processo todo fica engessado ao depender da sua presença para que as coisas funcionem bem.

O outro lado é dar mais liberdade para as pessoas criarem e buscarem resolver as dificuldades à sua maneira. Assim, elas vão trazer novas ideias e propor novos processos. Mas, ao mesmo tempo, como há muito espaço, nem sempre elas sabem usar essa confiança: muitos enfiam os pés pelas mãos. Depois, o prejuízo é seu.

Meu tio Isaac tinha uma boa frase sobre isso. Uma reflexão que ele usou comigo em uma vez em que cometi um erro. Ele dizia o seguinte: "Você errou tentando acertar, porém, a cada vez que você erra, eu pago. Se você aprendeu, foi um investimento, paguei para você aprender. É um custo de aprendizado. Agora, se você errar muito, eu vou ter que chamar outra pessoa, que erre menos e tenha um custo de aprendizado menor".

No caso da Forum, deu muito certo a junção dos estilos dos dois, Tufi e Isaac. O Tufi era criativo, gostava de mídia, de lidar com pessoas, criar produtos e testar novas maneiras de se vender e atender os clientes. Isaac era mais *low profile*, um homem que cuidava de todas as questões administrativas, focado em fazer a operação funcionar bem. Era um combo perfeito. Os dois sempre conversavam, se protegiam, se completavam no que se referia à gestão. Um podia confiar no outro.

Eram como dois carros de corrida. Um deles era muito rápido e invariavelmente sempre batia. O outro era constante, mas não tão rápido. Na soma dos pontos, aquela era uma equipe campeã, porque um carro cobria as falhas do outro.

Por isso mesmo, por essa necessidade de equilíbrio, defendo que é importante ter um sócio, alguém para balancear o seu estilo de gestão.

TRANSIÇÃO DE GESTÃO

No momento em que escrevo este livro, eu e a minha sócia na imobiliária, a Carol, preparamos uma transição de gestão importante. Vamos deixar de trabalhar diretamente as locações para nos dedicarmos integralmente às vendas de unidades.

Eu e ela temos um perfil mais centralizador, sendo eu mais focado no marketing, atendimento e negociações, e ela, em organização de nossa base de dados, toda a parte técnica, contratos e outras atividades. A vantagem é que temos pontos de centralização complementares, em áreas diferentes. E sabemos onde devemos concentrar os nossos esforços.

No final de 2022, estávamos, os dois ao mesmo tempo, em 672 grupos no WhatsApp. Chegamos à conclusão de que não deveríamos estar em mais de 200 e que era hora de sair da maioria deles, deixar as outras pessoas de nossa equipe trabalharem à vontade o relacionamento com potenciais novos clientes de locação e vendas. Estrategicamente, isso é abrir mão de parte da sua gestão, perder umas coisas e ganhar outras.

E não venha me dizer que, se você fizer isso, vai lhe sobrar tempo. Se isso acontecer, é porque você não está olhando para a frente. Não tem nenhuma reunião hoje? Faça pesquisas, ouça aquele podcast que você ainda não conseguiu ouvir, tenha novas ideias, dedique esse tempo a pensar os próximos passos estratégicos de seus negócios.

Outro erro de gestão bastante frequente é seguir o lugar comum que diz: contrate pessoas melhores do que você.

Vamos pensar um pouco mais sobre isso. Alguém melhor do que você vai querer ganhar mais, mandar em você, aparecer mais. Vai querer sair na

@andreduek

É importante ter um sócio, alguém para balancear o seu estilo de gestão.

capa da revista no seu lugar, é natural. Além disso, as chances são grandes de essa pessoa ficar um tempo com você e depois ir embora. No fim das contas, isso vai gerar uma disputa com você, atrapalhar o negócio. Como disse, ou a pessoa vai passar por cima de você ou vai embora.

Prefira ajudar a desenvolver quem tem qualidades e atributos complementares ao seu. Antes de fazer processos de recrutamento e seleção, pense bem a respeito do que você precisa e procure uma pessoa com essas características.

Contrate pessoas com habilidades que complementem as suas e que tenham gratidão suficiente para não quererem ir embora. Sempre fui tão grato ao Tufi e ao Isaac pelas oportunidades que eles me deram, pela confiança e por tudo o que eles investiram em mim que nunca quis sair da Forum, mesmo tendo recebido várias propostas excelentes de trabalho da concorrência.

QUESTIONE AS SUAS CERTEZAS

Outro ponto fundamental para você não sabotar o seu crescimento e o do seu negócio: fique atento aos pensamentos fixos, às zonas de conforto. Observe como você faz as coisas e como os outros estão fazendo. Quem quer crescer não deve se apegar ao passado, precisa olhar para frente. Ninguém tem a fórmula correta e imutável de fazer as coisas.

E digo mais: atualmente tudo evolui muito rápido. Por isso recomendo que você procure ter a sensação de que está sempre atrasado e defasado. Gosto de pensar que, neste exato momento, existem concorrentes que estão na minha frente e trabalhando melhor do que eu. Portanto, preciso estar sempre em movimento não apenas para me manter no jogo como também para poder alcançá-los e, por que não, superá-los.

Eu, particularmente, estou sempre olhando para o meu estilo de gestão, para as minhas estratégias. Faço muita pesquisa. Quanto mais procura informação, mais você abre a sua mente. Não existem modelos perfeitos, e eu sou exigente, procuro ver o que os melhores do mundo estão fazendo.

Por falar nos melhores, afirmo, sem medo, que eles não se descuidam de sua gestão financeira. Acompanhei os meus tios sempre andando com carros usados, com três ou quatro anos, sem dever nada para o banco. Via empreendedores que faturavam a metade do que ganhávamos e andavam de helicóptero. Procuro manter o mesmo padrão, penso no que vale e no que não vale a pena gastar. Se for para ficar sem dormir, se você estiver desconfortável, é um sinal de que pode estar sendo descuidado em relação à sua vida financeira e às contas da empresa. Não tire os seus pés do chão. Não se deixe levar pelo excesso de confiança e por um estilo de consumo que coloque você, sua família e o caixa de sua empresa em uma relação de dependência do dinheiro. A relação com o dinheiro e a maneira como ele deve ser gerido são tão vitais que, no próximo capítulo, vamos aprofundar esse tema.

TESTE NOVOS PROCESSOS

Outro erro comum de muitos empreendedores, quando suas empresas já são maiores, é deixar de testar novos processos. Muita gente pensa: "Mas por que vamos inventar moda e complicar as coisas, se tudo está funcionando bem?" É o típico pensamento "em time que está ganhando, não se mexe". Os processos servem justamente para azeitar a gestão de sua empresa, ou seja, para se fazer as coisas com mais simplicidade, inteligência e agilidade. Bons processos liberam tempo para que você não descuide de pensar a estratégia e o planejamento tático de sua empresa.

Quando você, seu sócio (ou sócios) e colaboradores mais importantes de seu time não têm tempo de pensar como os negócios podem ser melhorados, realizar inovações, fazer pesquisas e análises de mercado, procurar outras referências, isso é um sinal claro de que os processos existentes não funcionam bem, drenam todo o tempo e energia e que vocês entraram em uma zona de alto risco. Quem fica apenas imerso nas operações, pedalando a bicicleta incessantemente, tem um risco muito grande de andar para trás, pois não percebe oportunidades, não enxerga as mudanças pelas quais o mercado está passando, não consegue tranquilizar a mente para que a criatividade aconteça.

Em relação à sociedade, divida bem as responsabilidades entre os sócios. Eu, por exemplo, sou muito bom em marketing, mídias sociais, negociação e captação de clientes. Já a Carol, como já disse, é muito boa no pós-venda, na operação em si (contratos e detalhes ligados às propriedades), fotografia, arquitetura e treinamento.

Há pouco tempo, um profissional nosso muito gabaritado pediu para ir embora. No dia seguinte, estava tudo bem, ninguém percebeu nada. Se a Carol fosse o meu braço direito e não a minha sócia e tivesse partido, eu ia ficar pior. O que essa pessoa que saiu sabia fazer, nós também sabíamos, por isso não tivemos problemas.

Um time de futebol não pode ser muito bom somente na defesa ou no chute com a perna direita. O mesmo vale para uma empresa: não adianta todo mundo ser craque em finanças e ninguém ser criativo ou gostar de vender. É preciso buscar esse equilíbrio.

Assim como é importante colocar a mão na massa, entender da operação. Você tem que saber como fazer, seus sócios precisam ser complementares e se envolver com os negócios. É assim que erramos menos.

Ainda sobre sociedade, é preciso reforçar a importância de um dos sócios ser o embaixador da marca, o verdadeiro símbolo da empresa. E isso sem criar ciúmes. É aquela pessoa que se relaciona mais com os clientes, que faz a palestra, que dá entrevista. Nem sempre todos podem participar de tudo. O embaixador traz mais vendas, retorno de imagem, mídia espontânea, mais negócios. Oferece o seu tempo e a sua disponibilidade para a empresa, o que é um trabalho como qualquer outro. É preciso entender isso. Nunca vi o Isaac ficar com ciúmes porque o Tufi foi convidado para o Baile da Vogue. Até porque, muitas vezes, quando era chamado, ele nem queria ir.

Para finalizar, se a sua ambição já bateu no teto, se você se sente sem muitas perspectivas de crescimento, observe as suas referências e busque fazer uma reflexão para ressignificar o seu sentido profissional. Pense no que mais você e sua empresa podem fazer para melhorar este mundo. Eu escolho olhar para os melhores do mercado, eles são o meu guia em tudo. Desejo criar um impacto cada vez maior na qualidade de vida de todos aqueles que precisam dos imóveis para morar e trabalhar. Recomendo que você amplie sua visão, busque enxergar bem além do que vê hoje. Para você continuar tendo mais satisfação e evolução em sua jornada empreendedora, nunca se dê por terminado.

@andreduek

Amplie sua visão, busque enxergar bem além do que vê hoje. Para você continuar tendo mais satisfação e evolução em sua jornada empreendedora, nunca se dê por terminado.

BLOCO 4

PARA
LEVAR SEUS
NEGÓCIOS
AINDA MAIS
LONGE

Este bloco de capítulos é mais focado para você, empreendedor, se autodesenvolver, chegar à alta performance em temas estratégicos que o ajudarão a levar os resultados de sua empresa ainda mais longe.

Saiba que, se você desenvolver certas habilidades, vai melhorar muito seu desempenho individual e o de sua equipe, o que consequentemente trará mais crescimento para os seus negócios.

Vamos tratar da importância de cuidar bem do seu dinheiro e do caixa da empresa. Empreendedor que descuida das finanças pessoais pode causar sérios problemas na gestão financeira de seus negócios.

Já falamos da importância de trabalhar o networking anteriormente, mas aqui vamos avançar e ver como você pode fortalecer a sua rede de relacionamentos no dia a dia. Defendo que a maneira tradicional de as pessoas se relacionarem é muito limitada e dificilmente cria vínculos de alta qualidade. Apresentarei a você o networking involuntário: o caminho que pratico no meu dia e que muito tem me ajudado a construir laços sólidos e duradouros no longo prazo.

Como você pode aproveitar melhor a força do branding, pessoal e do negócio, para gerar um impacto muito positivo na percepção que as pessoas têm de sua empresa é outro tema que abordaremos. Iremos além do senso comum: o branding é estratégico e pode proporcionar um diferencial competitivo poderoso quando bem cuidado, considerando seu comportamento e o da sua equipe em todos os pontos de contato com clientes e demais parceiros de negócios.

Também vamos conversar sobre inovação. Inovar, no cotidiano de sua empresa, é algo que deve ser feito com simplicidade, sem requerer muito dinheiro ou ações complexas. Vou ensiná-lo a inovar de maneira simples e viável. Se você não trabalhar a inovação no dia a dia de seu negócio, em algum momento no futuro as probabilidades são enormes de sua empresa ficar obsoleta e sair do mercado.

Vamos falar também de gestão do tempo, para que você e o seu time atinjam uma ótima produtividade. E de alguns fundamentos para vocês melhorarem a execução.

No último capítulo do bloco, voltaremos nossa atenção para a gestão de riscos, sobre o que fazer para prevenir processos judiciais. A ideia é evitar que conflitos diversos escalem para batalhas judiciais, que drenem tempo e dinheiro de sua empresa.

CAPÍTULO 17

Cuide muito bem do seu dinheiro e do dinheiro de sua empresa

Começo o capítulo com uma mensagem forte: não existe isso de na vida pessoal eu faço de um jeito e na "vida da empresa" eu faço diferente – se você não administrar bem as suas finanças pessoais, sua empresa vai passar por constantes problemas financeiros. Se você e sua família gastam além do que recebem, vocês virarão um dreno de recursos financeiros para a empresa. A pressão das dívidas e do consumismo sem limites o levarão a fazer retiradas cada vez maiores de sua companhia. E, se suas retiradas são crescentes, faltará capital para reinvestir no crescimento dos negócios. Há mais alguns pontos sérios: quem se acostumou ao endividamento na vida pessoal tem alta probabilidade de contrair dívidas na pessoa jurídica; e quem gasta mal na vida pessoal e não tem um uso racional do próprio dinheiro vai gastar mal no dia a dia dos negócios, não tendo uma atenção cuidadosa na gestão de custos e despesas da empresa. Veja como as dimensões pessoal-familiar e profissional estão completamente ligadas quando o assunto é dinheiro.

Vamos prosseguir em nossa conversa olhando primeiro para as finanças pessoais e depois falaremos de alguns itens essenciais para uma ótima administração financeira de sua empresa.

OLHANDO PARA AS FINANÇAS PESSOAIS

A relação que cada um de nós estabelece com o dinheiro começa cedo, na infância. O que sei sobre o assunto aprendi com a minha mãe, tendo o reforço do Lar das Crianças depois. No Lar, inclusive, quem ganhava algum dinheiro não podia nem amassar as cédulas: tinha que guardar tudo na carteira direitinho.

Em casa, minha mãe não podia ver uma lâmpada acesa em algum cômodo vazio que logo apagava. Tendo começado a trabalhar aos 12 anos, aos 68 ela anotava, linha a linha, todos os dias, as suas despesas. Sempre digo que tive exemplos opostos em casa: minha mãe era supereconômica e o meu pai era gastador. Escolhi o exemplo dela.

Procuro economizar em tudo o que é possível. Quando estive nas 500 Milhas de Indianápolis, em 2021, chovia muito na hora de voltar para casa. Por conta disso, da chuva e da alta procura pelo serviço, a Uber estava cobrando 180 dólares por uma corrida de dez quadras. Não quis chamar um carro naquele momento, esperei o tempo se estabilizar e o valor diminuir. É assim que eu vejo as coisas, devemos fazer economia todos os dias. Os excessos ficam para extrapolar de vez em quando.

Com as nossas finanças e com as contas da empresa devemos acompanhar tudo de perto, da maneira mais simples possível, como antigamente, no papel de pão. Mas isso, claro, não quer dizer que devemos fazer economia grosseira, como andar em um carro caindo aos pedaços ou não ter seguros, por exemplo.

Foi assim, com simplicidade, que eu aprendi a lidar com o dinheiro. Era um menino de 8 anos quando ouvi o meu avô materno, Marcus, dizer que o segredo do sucesso era guardar 30% do que você ganha.

Nunca esqueci aquilo. Ele, que teve nove filhos e trinta netos, gostava de se sentar na sua cadeira de balanço e contar histórias para a família, principalmente para as crianças, nos almoços de domingo.

Para ele, em uma família as pessoas tinham que se ajudar. Se um irmão estivesse com a conta no negativo e o outro pudesse cobrir a dívida, tinha que fazer isso.

Por ser da geração dos netos mais velhos, recebi toda a sua sabedoria, que também ajudou muito na minha educação. Prestava atenção a ele e também aos comportamentos dos meus primos: identificava quem ouvia as lições, quem colocava em prática e quem só gastava. Mais uma vez, eu escolhi um lado.

Tive outros bons exemplos, como os meus tios, donos da Forum, que não faziam questão de ter carro do ano, por exemplo. O importante para eles era a empresa funcionar em um imóvel próprio, com máquinas novas e pagamentos dos fornecedores à vista. A Forum, ao longo de sua história, praticamente nunca teve dívidas e sempre foi uma companhia muito sólida financeiramente.

CADA VEZ MAIS ENDIVIDADOS

Diante de todas essas referências positivas e tendo escolhido seguir o caminho delas, escapei de fazer parte de estatísticas como aquela que diz que 78% das famílias brasileiras estão endividadas.[11] O percentual foi obtido em pesquisa da Confederação Nacional do Comércio de Bens, Serviços e Turismo (CNC), com divulgação em agosto de 2022. Trata-se do pior cenário observado desde o início do levantamento, em 2010.

Ao longo da minha carreira, vi muitos executivos bem-sucedidos irem empreender e não dar certo. Em muitos casos, por problemas de organização financeira.

Considere contratar uma assessoria financeira para ajudar você a cuidar da gestão de suas finanças pessoais, faça pesquisas, baixe aplicativos que possam auxiliá-lo também nesse sentido. Com a mesma seriedade que você cuida de sua saúde física, você deveria se dedicar às suas finanças.

Organize-se e tenha controle de suas entradas e saídas, principalmente na fase em que está começando a empreender. Será que o seu filho precisa estudar na escola mais cara para ter acesso a uma boa educação? Ou que você precisa ir à Paris comemorar o seu aniversário de casamento?

O assunto de dinheiro é levado tão a sério em minha família que, quando eu e a minha esposa planejamos o nascimento dos nossos filhos, consideramos um intervalo de modo que não tivéssemos que pagar todas as faculdades ao mesmo tempo, o que pesaria em nossa vida financeira familiar.

Até hoje, só viajei umas cinco vezes de classe executiva, não mais do que isso. Se preciso viajar dentro dos Estados Unidos, escolho os voos mais econômicos, mesmo que os horários não sejam tão bons. Esse é o meu padrão de comportamento.

Só quero lembrar a você de que o padrão a que estava acostumado na grande empresa, como executivo, não é o mesmo de agora como empreendedor. Muitos empreendedores que fizeram carreira corporativa de alto nível cometem esse erro.

Por fim, lembrar-se de guardar 10% do que você ganha é o básico, o chamado dízimo pessoal. Eu sempre guardei mais do que isso. Crie o hábito de poupar e investir parte de suas entradas para realizar projetos maiores no longo prazo, como alcançar a independência financeira. Coloque a força dos juros compostos para atuar a seu favor. Quantias pequenas ou moderadas, poupadas e investidas mensalmente ao longo de décadas, podem se transformar em fortunas graças ao efeito bola de neve dos juros sobre juros.

---

11 ENDIVIDAMENTO das famílias bate recorde em julho. **Folha de S.Paulo**, 8 ago. 2022. Disponível em: https://www1.folha.uol.com.br/mercado/2022/08/endividamento-das-familias-bate-recorde-em-julho.shtml. Acesso em: 5 maio 2023.

Acompanhe uma conta muito simples comigo: considerando juros líquidos[12] de 1% ao mês, ao aplicar 1,2 mil reais por mês, você obterá 7,8 milhões de reais em trinta e cinco anos.[13] Percebe que não é tanto assim para guardar diante de um bom retorno no futuro?

ALMOÇO COM CLIENTES E OUTRAS BOAS PRÁTICAS FINANCEIRAS PARA SUA EMPRESA

Se convido um cliente para almoçarmos, escolho o lugar, não permito que a pessoa faça isso. Não é ser "mão de vaca", é ter planejamento financeiro básico. E digo mais: se o cliente é novo, o orçamento para esse primeiro almoço é de 100 reais por pessoa. Quando o negócio é fechado, podemos gastar mais.

A seguir, compartilho com você alguns exemplos de boas práticas em relação ao uso do dinheiro nas empresas:

- Se você considera que não gerencia bem suas finanças pessoais, então não deve ser o responsável pela gestão financeira de sua empresa. Entregue essa função para um sócio ou colaborador que lide bem com o dinheiro. Estabeleça com eles mecanismos de controle e uma política máxima de retirada de lucros para que você se discipline a viver com o dinheiro que recebe, sem ficar pressionando o caixa da empresa para obter recursos para tapar os buracos de sua vida financeira. Essa atitude incentivará você e a sua família a serem mais responsáveis com seus gastos pessoais. E, por favor, reforço a urgência de contratar um serviço de consultoria financeira que o ajude a construir novos hábitos em relação ao dinheiro e a reestruturar suas finanças pessoais.
- Considere oferecer a maior parte da remuneração de seus colaboradores como variável, com uma parte fixa menor e o restante ligado ao desempenho de cada um. As pessoas trabalham melhor e mais assim. E não faz sentido duas pessoas ganharem a mesma coisa se uma entrega muito mais resultados que a outra.
- A cada vez que sua empresa bater metas importantes de receitas e lucros, premie seus colaboradores com bônus na forma de salários

---

12 Juro líquido é o retorno real já descontados inflação, impostos e outras taxas (corretagens, emolumentos, taxas de administração e de performance etc.).
13 Para fazer cálculos como esse, sugiro você usar a Calculadora do Cidadão, do Banco Central. Ela é gratuita e bastante simples e intuitiva de ser operada. Você não precisa conhecer nenhuma fórmula para fazer cálculos de juros compostos. Você pode acessá-la on-line em: https://www.bcb.gov.br/acessoinformacao/calculadoradocidadao ou usá-la como aplicativo em seu smartphone.

extras. Será a melhor educação em termos de produtividade e engajamento que você poderá dar.
- Para todo e qualquer projeto novo que demande investimento de dinheiro (alguns exemplos: criação de novas soluções, ações de marketing e começar a trabalhar um novo canal de vendas), faça pequenos testes, gastando o mínimo que puder. Implantar a cultura de testes em sua empresa lhe economizará uma fortuna de tempo e dinheiro. O que não der certo, o prejuízo será pequeno e facilmente absorvível. E aqueles projetos que mostrarem que têm potencial real receberão a atenção essencial que precisam para deslanchar. Isso é fazer gestão de risco com inteligência. Não caia no erro, por exemplo, de sair gastando cifras consideráveis na criação de um novo produto, opte por construir um protótipo simples e econômico junto com alguns clientes para avaliar se vale a pena você escalar. Sugiro que separe de 3% a 5% de seus lucros para testar novas ideias.
- Ao definir orçamento para as diferentes áreas de sua empresa, escute as sugestões de valores de seus sócios e colaboradores. Porém, sugiro que você e seus sócios aprovem um valor por área de metade a 1/3 do originalmente pretendido. Um aprendizado que a vida me ensinou: todos trabalham muito melhor, exercitando a criatividade, a inteligência e maior racionalidade no uso dos recursos, quando o "cobertor é mais curto".
- Não descuide da seguinte regra de ouro: sua empresa não deve ter uma despesa financeira maior do que a receita. Simples assim.
- Uma vez por ano, no mínimo, reavalie diversos custos fixos e renegocie tudo que puder, de planos de saúde a planos de celular, materiais de escritório etc.
- Não se coloque em dependência financeira de poucos clientes. O ideal é que seu maior cliente represente no máximo 10% de sua receita.
- Foque a maior parte do dinheiro direcionado para marketing e vendas para trabalhar bem aqueles produtos e serviços de maiores margens e que representam 80% ou mais de suas receitas. Avalie tirar de linha aqueles de margens apertadas e que representam 20% ou menos das receitas.
- Invista na construção de relacionamentos de longo prazo com seus clientes e na queda do turnover de sua clientela. Clientes satisfeitos e fidelizados compram com recorrência e realizam o marketing espontâneo (as ótimas recomendações de "boca a boca"), que são o melhor

marketing existente. Assim, você economizará um caminhão de dinheiro na aquisição de novos clientes.
- Reinvista o que puder dos lucros na sua empresa. Na minha avaliação, não se deve retirar mais do que a metade dos lucros. Invista mais para ganhar mais!
- Muito cuidado com dívidas. O custo do crédito no Brasil é muito alto e, caso você esteja endividado, corre o risco de se tornar refém de seus credores, passando a trabalhar para pagar juros e outros encargos que não têm fim, principalmente em momentos em que a Selic e o CDI estão em patamares muito elevados. O ideal é que você administre sua empresa o mais enxuta possível e financie o seu crescimento com os lucros gerados pelas operações.
- Pague seus fornecedores à vista e obtenha descontos. Use o que sobra para reaplicar em seus negócios, buscando sempre melhorar a sua eficiência.

Nunca descuide de sua vida financeira pessoal e das finanças de sua empresa. Garanto que você terá muito mais qualidade de vida, paz de espírito e sucesso profissional.

Vamos conversar sobre o valor do verdadeiro networking, o networking involuntário, aquele que pode levar você e sua empresa muito além do que você imagina nos negócios.

@andreduek

Não descuide da seguinte regra de ouro: sua empresa não deve ter uma despesa financeira maior do que a sua receita.

CAPÍTULO 18

O networking involuntário: como melhorar muito a qualidade de suas relações para escalar sua carreira e negócios

Vou lhe apresentar uma visão e prática diferente de networking, o networking involuntário: ele é um movimento involuntário. Como o nome já diz, não é feito com a intenção de conhecer as pessoas para fazer negócios, com objetivos profissionais pré-determinados para uma nova relação, como é no networking tradicional. Nele, o relacionamento entre duas pessoas acontece de maneira natural, sem expectativas de ambos os lados, simplesmente pelo prazer em estabelecer vínculo com o outro. Há um interesse genuíno em conhecermos o outro por termos necessidade de nos relacionar e trocar experiências. Quando a relação começa desse modo, há boas chances de se estabelecer confiança e colaboração entre as partes em diferentes esferas da vida. As coisas acontecem e fluem com naturalidade, sem a pressão existente quando há expectativas já definidas para uma relação.

As pessoas estão cada vez mais descrentes do modelo tradicional de se fazer networking, pois raramente ele cria laços sólidos e baseados na vontade espontânea de colaborar. O modelo do "toma lá, dá cá" tem se provado cada dia mais efêmero e não cria relações sustentáveis no longo prazo porque raramente existe espaço para se criar confiança. Podemos dizer que ele cria espaço para a desconfiança, resultando em pensamentos como: "O que terei de dar em troca para ele ou ela, caso me façam determinado favor?".

Mostrarei vários exemplos para você entender como o conceito de networking involuntário funciona e como vivê-lo no seu dia a dia.

A FORÇA DE UM SIMPLES "PARABÉNS!"

Aconteceu recentemente o que vou contar. No aniversário de um amigo, com quem não falava nem me encontrava havia algum tempo, liguei para dar parabéns e fiz um post na rede social sobre a data. Estava com saudade dele e quis fazer contato. Tudo isso por volta das 10 horas. Mais tarde, às 15 horas, meu telefone tocou: era alguém à procura de um *broker* em Miami, uma pessoa que chegou até mim por indicação do tal amigo, que nem aqui mora, mas na Califórnia.

Apenas fiz uma homenagem, não havia qualquer interesse profissional por trás, não foi nada forçado. Aliás, não acredito nesses eventos específicos de networking. No último a que fui, apenas para prestigiar uma amiga que palestrou lá, fiquei conversando com uma mulher que estava sozinha em um canto, com vergonha de tomar a iniciativa de falar com outras pessoas. Ela é uma brasileira que tem uma empresa de mudança. Provavelmente, eu vou indicar mais clientes para ela do que o oposto, mas, nunca se sabe, ela também pode me recomendar a alguém.

O networking involuntário é aquele em que você não pensa e não sente que está fazendo contatos. Na maioria das vezes, não haverá geração de negócios, nem deve existir essa expectativa.

Perto das eleições presidenciais de 2022, uma mulher pediu uma informação sobre justificativa de voto em um grupo de WhatsApp que participo com outras centenas de pessoas. Vi sua mensagem e mandei para ela o link do aplicativo para se fazer a justificativa on-line. No dia seguinte, ela passou a me seguir no Instagram. Pouco tempo depois, ao ver um post meu anunciando um imóvel, quis saber mais sobre a propriedade.

Cunhei o termo networking involuntário porque sinto em mim e em tantas outras pessoas uma verdadeira repulsa pelo networking tradicional. Networking involuntário significa apenas a vontade de conhecer outras pessoas, o desejo de interagir, descobrir quem é o outro, deixá-lo saber quem é você e ponto. Ao ouvir o outro, conhecer suas histórias, estar aberto para que ele se conecte com você, há ótimas chances de você se tornar alguém interessante e agradável. Essa prática é tão poderosa que costuma levar as pessoas que se sentiram bem na sua presença a falarem para outras que elas deveriam conhecer você.

Me relaciono bem com as pessoas, mas sou seletivo. Não gosto de gente interesseira, que só me liga para pedir favores. Esse é o comportamento do networking tradicional.

PESSOAS SE RELACIONAM COM PESSOAS

Penso que pessoas se relacionam com pessoas. Não acredito no networking das empresas com pessoas, nem entre empresas.

Não faz muito tempo, fui a um evento no qual, para lançar uma empresa, o dono do negócio mandou um vídeo para ser exibido. Um material muito bem-feito, mas ninguém prestou muita atenção. Só se via as pessoas com o celular na mão. Se ele estivesse lá e soubesse conversar, seria outra coisa, outra experiência.

Nos meus trinta e seis anos de carreira, sempre fui a mesma pessoa em termos de prática de networking involuntário. Quando eu era auxiliar de escritório, ninguém tinha interesse em fazer networking comigo, mas eu já fazia o networking involuntário: me interessava pelas pessoas e por suas histórias. Tendo chegado à posição de CEO, criado vários negócios e passado por dois países, ainda faço negócios com as pessoas do mesmo jeito: sem buscar fazer negócios.

No networking involuntário não existem ganhos e perdas, mas, sim, todos ganham sem perceber. Um exemplo: eu, ao conhecê-lo, soube que você trabalha como *personal organizer*, ajudando pessoas e famílias que estão de mudança de cidade ou país. Passado algum tempo, ao me encontrar com outra pessoa que está precisando de ajuda em sua mudança, eu conecto vocês dois. Veja que todos saímos ganhando: você conseguiu um potencial novo cliente, meu conhecido poderá ser ajudado por você quando necessita de ajuda e vocês dois sentem gratidão por eu tê-los aproximado. No entanto, eu não conheci você com a intenção de lhe apresentar potenciais clientes que estejam em processo de mudança.

SÓ INTERESSE

Vejo algumas falhas muito recorrentes quando o assunto é o networking tradicional. Por exemplo: de uma hora para a outra, a pessoa se aproxima de você e pergunta coisas que nunca perguntou. Liga para saber da sua família de repente. Pode ter certeza de que ela vai procurá-lo daqui a uma semana para pedir alguma coisa. Aí, fica escancarado que era só interesse. É aquela pessoa que conhece você há trinta anos, porém nunca se lembrou do seu aniversário e, um belo dia, liga do nada. Pouco depois, vai chamá-lo para tomar um café. Melhor seria ir direto ao ponto e propor logo um negócio, sem simular um interesse genuíno antes.

Aliás, é preciso separar bem as coisas: não se deve confundir a execução dos negócios com networking. A construção do networking vem muito antes da intenção de se fazer negócios, inclusive as ferramentas de ativação de vendas não têm uma ligação direta com a arte de se relacionar com as pessoas.

Atender bem e ajudar o cliente é sinônimo de serviço premium, acima de tudo. Outro equívoco: follow-up não é networking. Em um curso que dei recentemente, diante de uma lista de quarenta interessados, liguei para dezoito em um único dia para falar sobre o evento. Receber indicações também não é networking, assim como abordar alguém para oferecer suas soluções. Percebe que são práticas diferentes? Aqui estamos falando de atendimento e vendas.

Vejo muita coisa que não tem nada a ver com networking também via redes sociais. Já recebi mensagens do funcionário de um banco me oferecendo os seus serviços, me convidando para migrar para a instituição em que ele trabalha. Agradeci e disse que não queria, que já havia feito essa migração recentemente. Três dias depois, ele deixou de me seguir nas redes sociais. Nunca vou fechar nada com ele, claro. Não há vínculo quando as coisas acontecem desse jeito.

Essencialmente, vejo o networking involuntário como a prática de criar e manter relações ao longo da vida. Estamos falando aqui da manutenção de um relacionamento pessoal. Quando acontece um negócio ou uma indicação a partir disso é consequência de tudo o que veio antes.

Um amigo médico que mora no Piauí almoçou comigo aqui em Miami com a esposa e o filho, demonstrando muito interesse no estilo de vida de quem mora nos Estados Unidos. Eu tenho certeza de que, se um dia alguém disser que quer se mudar para cá, ele vai dizer que a pessoa não deve comprar imóvel com nenhuma outra pessoa senão eu. Essa é a força do networking involuntário. O verdadeiro, na minha avaliação.

Todo mundo diz que eu tenho uma excelente rede de relacionamentos. E tenho, porque conheço muita gente e trato todo mundo bem, sem exceção. São relacionamentos que foram construídos ao longo do tempo.

Conheci o escritor e palestrante Mauricio Benvenutti, por exemplo, primeiro pelas redes sociais. Eu já o seguia por considerá-lo uma referência em empreendedorismo para brasileiros nos EUA, devido ao belo trabalho que ele, seus sócios e time fazem na StartSe. Sempre comentei suas postagens, sem qualquer interesse, apenas pelo prazer da troca de experiências, dividindo com ele também um pouco de minhas visões de negócios e empreendedorismo. Em uma das postagens, ele mencionou que estava de mudança para Miami.

Escrevi para ele movido pelo desejo de ajudá-lo, falando sobre alguns pontos que ele deveria considerar ao viver aqui e coloquei-me à disposição caso ele quisesse bater um papo presencial. Acabamos marcando um café, ele compartilhou comigo um pouco de suas razões para adotar Miami como seu novo endereço e eu apresentei a ele algumas sugestões e orientações que o ajudaram bastante. Daí em diante, fomos nos encontrando outras vezes pelo prazer de trocarmos experiências e desfrutarmos da boa companhia um do outro.

Passado mais tempo, de maneira espontânea, ele me convidou para participar como *speaker* em um de seus eventos da StarteSe, e eu o convidei para ser um dos *keynote speakers* no meu evento 1BRZ Talks. O Maurício, inclusive, foi uma das pessoas que me aproximou da Editora Gente, que também publica seus livros. Ele fez isso com muito carinho e sem esperar nada em troca. Ou seja, tudo em nossa relação acontece, desde o começo, naturalmente e sem segundas intenções: nunca houve a intenção de nenhum dos lados de uma aproximação para se fazer negócios. A nossa relação tem evoluído e se fortalecido continuamente. Hoje, somos bons amigos. Nossa amizade é um prazer para ambos.

Há muitas oportunidades para ter relação legítima com os outros, pense nisso.

ABRA A SUA CASA

Abrir a sua casa para receber pessoas é uma ótima oportunidade para criar laços, conhecer pessoas. Ao abrir seu espaço íntimo e sagrado para os outros, você está comunicando a eles que verdadeiramente quer conhecê-los e deixá-los fazer parte de sua vida. Não há como fazer uma radiografia das pessoas, ler o pensamento delas e saber se o receberão também na casa delas. Você nem deve esperar por isso. Mesmo que se decepcione com algumas pessoas, continue abrindo as portas de sua casa. Nunca se aproxime ou faça algo por outra pessoa pensando em reciprocidade. Simplesmente faça por você, porque você tem vontade de conhecê-la e se interessa pelo seu mundo.

Simplesmente não force a barra com quem não o valoriza. Se você criou algumas oportunidades de encontros e interações e a pessoa declinou, talvez não valha a pena insistir.

Apenas esteja aberto e entenda que você precisa gostar de conhecer pessoas. Trate bem todo mundo, não tenha preconceitos com ninguém, fuja das ideias prévias a respeito das pessoas. Se você é muito tímido, deve tirar a palavra networking da cabeça. Busque levar as coisas com naturalidade. Apenas esteja aberto para conhecer pessoas.

Considero importante, ainda, você frequentar lugares nos quais se sinta bem e à vontade. Os americanos fazem isso, por exemplo, jogando golfe. É importante ter afinidades e construir sua rede de relacionamentos em torno de suas áreas de interesse. Eu adoro eventos de automobilismo: participo de clubes de carros e assisto presencialmente a diversas provas de categorias distintas. Conheci várias pessoas e fiz amigos queridos no meio porque me sinto descontraído, à vontade e muito entusiasmado nesses lugares, o que torna a aproximação e conexão com os outros muito mais fácil. Quais são os seus interesses? Quais eventos e lugares o fazem se sentir bem?

A seguir, para ajudá-lo a organizar as ideias a respeito de tudo o que tratamos nas últimas páginas, apresento a você uma lista daqueles que são, tendo por base a minha experiência pessoal, os fundamentos do networking involuntário:

- **Conheça pessoas pelo simples prazer de criar vínculo, de estar aberto a se relacionar com elas e trocar experiências.**
- **Receba pessoas na sua casa com frequência.**
- **Saia de casa e vá até ambientes de seu interesse para aprender e encontrar pessoas que compartilham das mesmas paixões que você.**
- **Esteja aberto para ouvir e interesse-se verdadeiramente pelo mundo do outro. Não fique falando apenas de você.**
- **Se a pessoa falou algo, perguntou alguma coisa e você puder ajudar, disponha-se a ajudar legitimamente.**
- **Tenha por hábito cuidar dos outros. Esteja disponível para escutar seus problemas e tentar contribuir, seja com uma palavra, um contato, um conforto, uma ideia.**
- **Sempre seja educado e gentil com as pessoas.**
- **Mande mensagens personalizadas.**
- **Relacione-se com as pessoas de maneira leve.**
- **Seja tolerante e tenha a cabeça aberta. Dê oportunidade para as pessoas o conhecerem.**
- **Relacione-se com as pessoas de modo on-line e off-line. Acredite: é, sim, totalmente possível criar e manter boas relações via redes sociais.**

Lembre-se: depois que se estabelecem relações legítimas, fazer negócios será uma consequência, um bônus que acontecerá naturalmente, sem que haja "forçação de barra". É uma recompensa que você ganha sem nunca ter esperado por isso.

O branding, um assunto malcompreendido e aproveitado muito aquém do potencial que tem para alavancar os negócios de sua empresa, é o tema do nosso próximo capítulo.

@andreduek

Ao ouvir o outro, conhecer suas histórias, estar aberto para que ele se conecte com você, há ótimas chances de você se tornar alguém interessante e agradável.

CAPÍTULO 19

O seu branding pessoal e o de sua empresa pesam muito no sucesso ou na desgraça de sua companhia

Branding é o que as pessoas percebem de você, de sua equipe e de sua marca. E isso envolve a percepção de todos que se relacionam com você e sua empresa: clientes, fornecedores, amigos, família, concorrentes, governo. Prefiro ficar com esse conceito básico e abrangente ao mesmo tempo.

Considero um erro separar marca, empreendedor e sua equipe. O líder de uma empresa não pode se envolver em brigas e escândalos, por exemplo. Eu, como consumidor, deixaria de comprar produtos de uma companhia caso o seu presidente e/ou colaboradores estivessem envolvidos em atitudes criminosas ou que demonstrassem falta de respeito com o próximo. Não quero que o meu dinheiro vá parar em uma empresa na qual o principal executivo e seus colaboradores sejam más pessoas. No meu conceito, não é possível separar uma coisa da outra. O comportamento dos profissionais de uma empresa afeta completamente a percepção que as pessoas têm dos produtos e serviços dela.

Isso fica mais claro com empresas atuantes no setor de serviços. A imagem do Washington Olivetto estava mais ligada à W/Brasil, que em 2010 se uniu à McCann e se tornou a W/McCann, do que a do Jorge Paulo Lemann aos produtos da Ambev. Um dos principais valores agregados pelos serviços da W/Brasil era a cabeça do Olivetto. O mesmo acontece com advogados, por exemplo. Tanto que muitas empresas de serviços são autorais, levam o nome de seus proprietários, o que não necessariamente ocorre com organizações que oferecem produtos, é um branding diferente.

Não se separa Elon Musk de Tesla, SpaceX e Neuralink, não tem como, é impossível. O branding Elon Musk é maior que o de suas empresas.

COMO CUIDAR DE SEU BRANDING PESSOAL

Pensando em como cuidar de seu branding pessoal, saiba que todas as suas ações como pessoa física vão impactar a sua pessoa jurídica, tanto positiva quanto negativamente. Embora as pessoas digam que não têm marca, elas têm branding. A confiança, a reputação e a credibilidade do empreendedor determinam a percepção de clientes, fornecedores, funcionários e outros stakeholders sobre a empresa.

Imagine um restaurante de bairro que nem nome tem, mas a comida é maravilhosa, você é bem tratado, o cafezinho servido depois da refeição é ótimo. Se você chegar dez minutos antes do fechamento, a proprietária vai deixá-lo entrar, lembrando que o seu filho gosta de macarrão com molho, porém sem carne moída. Tudo isso forma o branding do local. Certamente você vai recomendá-lo para muitos conhecidos. E esse negócio nunca vai fechar.

É como o Hambúrguer do Seu Oswaldo, tradicional lanchonete no bairro do Ipiranga, na cidade de São Paulo. Ia lá quando estudava na faculdade. Um lugar muito simples, que existe desde 1966. Imagino que os netos dele devem cuidar da lanchonete atualmente. Uma lanchonete onde o pagamento era feito apenas em dinheiro e o seu Oswaldo, que já morreu, fabricava o pão, o molho e servia apenas Coca-Cola diet e normal. Todo mundo comia no balcão e tinha fila na porta. Qual o branding nesse caso? O que o seu Oswaldo criou como identidade: ele fabricando tudo (do pão ao molho até o ponto da carne e do queijo derretido), atendendo com os filhos, só aceitando dinheiro. As pessoas concordam e passam no caixa eletrônico antes de ir para lá. Perceba o poder que ele tinha, que o seu negócio tem até hoje. Se o McDonald's não aceitar pagamentos por meio de cartões, fecha, mesmo sendo a maior franquia do mundo.

Considere ainda que o seu branding pessoal é a percepção que todos têm de você em todos os meios e lugares, sejam off-line ou on-line. Assim, no caso das redes sociais, você deve ser exatamente como se comporta nas interações off-line: legítimo, verdadeiro e autêntico. A sua personalidade precisa ser a mesma. Muito cuidado para não representar um personagem. Mais cedo ou mais tarde, as pessoas descobrirão e isso terá um impacto negativo em seus negócios como um todo. Faça um post da palestra que você foi, tenha um canal no YouTube. Seja como for, fale sempre a verdade: não minta, conte uma única história, não seja charlatão. Você pode ser um baita empresário, mas o seu branding vai ruir se você criar uma imagem falsa, bem como os negócios de sua empresa podem sofrer sérios danos. A reputação, a credibilidade e a imagem que você transmite estão acima de sua empresa. Não tente ser quem você não é. As consequências disso podem ser graves.

A atenção com a sua equipe, com os colaboradores, também é fundamental. Aqui nos Estados Unidos, os postos de gasolina não têm frentistas, só fica uma pessoa no caixa da loja de conveniência. Certa vez, fui abastecer e tive problemas na hora de fazer o pagamento. Fui pedir ajuda e ouvi: "Você não está sabendo passar o cartão". Argumentei que havia tido problemas com duas bombas: "Você não está sabendo passar o cartão em duas bombas". Nessa hora, você pode ter um posto maravilhoso, não importa: se o cliente foi maltratado, esqueça. Os funcionários fazem parte do branding, mas as empresas se esquecem disso, não investem em treinamento. Tudo o que os colaboradores disserem para o bem ou para o mal na relação com clientes é o que vai determinar se o cliente continuará fiel a determinada marca ou não. Repito para você gravar na sua mente: o que você, na posição de empreendedor, e sua equipe comunicam, por meio de seus comportamentos e atitudes, a todos aqueles que se relacionam com vocês no dia a dia de negócios, representa muito mais do que a marca ou as marcas de sua empresa.

Imagine que um funcionário de uma grande marca global, que tem mais de 50 mil colaboradores em seu quadro, faça uma saudação nazista em rede social: vai repercutir em todo o mundo, é a imagem da companhia que está exposta. Sim, uma empresa deve ser responsável pelas atitudes dos integrantes de seus times. Se um problema assim acontece, tem que se fazer gestão de crise publicamente. Tudo isso afeta o branding corporativo.

O QUE NÃO DÁ PARA ERRAR

Na minha avaliação, o pensamento de curto prazo é o que faz as pessoas mais errarem, a criarem expectativas impossíveis de alcançar. É preciso cuidar com muita atenção da oferta e da demanda, assunto sobre o qual as faculdades de administração e marketing não falam. Todo mundo quer ter fila na porta, sem considerar que deixar o cliente esperando muito tempo e não conseguir atender bem significam dar um tiro no próprio pé. Ou você reduz o seu marketing ou aumenta a sua capacidade e qualidade de atendimento. Por isso, tantas empresas crescem rápido e fecham as portas na mesma velocidade.

O branding está muito ligado à criação de um desejo, mas isso tem um limite para que não se crie uma imagem negativa. Cliente mal atendido não só fala mal, como inventa problemas que nem existiram. Se era apenas o prato frio, vai dizer que ainda por cima o refrigerante veio quente e a conta veio errada. Vai falar para dez pessoas, que vão falar para outras cem. Aí você perde o controle.

No treinamento da Apple, por exemplo, os funcionários aprendem que não se discute com o cliente na hora de trocar um produto. A não ser que seja uma questão muito visível, como uma mordida de cachorro em um fone de ouvido. Do contrário, eles trocam na hora.

É preciso pensar nisso tudo de maneira ampla. Há muita ignorância quando o assunto é branding, falta muita informação. Em uma palestra recente, apresentei o meu plano de branding pessoal, desde os tempos de office boy até agora, com tudo o que fiz. Se eu abrir uma empresa de pilhas, as pessoas vão comprar por conta da minha trajetória. Muitas pessoas ainda não perceberam que tudo o que elas fazem é branding puro.

Isso envolve até o dress code: um advogado não pode ir a uma audiência de bermuda, contudo, se for publicitário, não tem problema algum. Não quero dizer que o terno é o branding, não é isso. Um surfista vai usar um terno? Não faz o mínimo sentido. A maneira como você se veste e se apresenta precisa ser fiel ao seu estilo de ser e comportamentos, estando em sintonia, em equilíbrio, com a impressão que você quer transmitir. O dress code não é só a roupa, vai muito além e inclui, por exemplo, o modo como você fala e comunica-se por meio de sua linguagem corporal.

No meu entendimento, o branding envolve RH, compras, vendas, relações com fornecedores, investidores, parceiros, concorrentes. A percepção de branding positivo é criada em todos os pontos de contato da jornada que os stakeholders têm com a empresa.

Se você for avaliar o que as escolas de administração dizem, vai perceber que todas colocam o branding no guarda-chuva do marketing e não no da operação. No dia a dia, esse é um equívoco muito grande. Permite, por exemplo, que um diretor de operações pense que pode fazer tudo o que bem entender e colocar a marca em risco. Se tratar mal alguém ou contratar mão de obra escrava, o dano para a empresa será gigantesco. Se o branding não está na sua área, o profissional nem se preocupa. Só que o branding está em todas as esferas e relações que os colaboradores estabelecem no dia a dia; falta refletir a respeito.

Na verdade, essa deveria ser uma prioridade estratégica de todos na empresa, com o branding alinhado à cultura como se fosse um espelho. É uma conduta que envolve comportamentos coerentes e consistentes com os valores da organização.

Em outras palavras, na prática o branding reflete o que é a cultura da empresa. Não devemos glamourizar o conceito, que, acima de tudo, está ligado à percepção que os outros têm sobre o nosso jeito de ser e de agir.

A inovação será nosso foco de discussão no próximo capítulo. Veremos que, ao contrário do que muitos pensam, inovar no dia a dia das empresas é muito mais simples do que parece. E inovar é uma condição imprescindível para que a empresa continue viva e crescendo no mercado.

@andreduek

O que você, na posição de empreendedor, e sua equipe comunicam, por meio de seus comportamentos e atitudes, a todos aqueles que se relacionam com vocês no dia a dia de negócios, representa muito mais do que a marca ou as marcas de sua empresa.

CAPÍTULO 20

Innovation made simple: traga a inovação para o dia a dia da sua empresa

As pessoas colocam muitos rótulos na prática da inovação, se assustam com o conceito sem pensar que inovar, na verdade, pode partir do básico, do aprimorar processos, otimizar tarefas e assim por diante. Existe o mito da inovação inacessível, aquela na qual as pessoas pensam em disrupção, quando, na verdade, tudo pode ser muito mais simples do que você pode imaginar. Inovar, no meu entendimento, é fazer diferente do que todo mundo faz.

Além de pensarem que inovar é algo complexo e sofisticado, outro mito que está na cabeça de muitos empreendedores é que para se inovar é preciso investir somas elevadas de dinheiro, o que está completamente errado. Essa é uma visão que considera a inovação como inovação científica, aquela que requer laboratórios, muitos recursos humanos e milhões em capital direcionado para pesquisa e desenvolvimento. Esse modelo de inovação é adotado por universidades, centros tecnológicos e empresas multinacionais.

Na realidade, grande parte das melhores inovações para micro, pequenas e médias empresas necessitam de pouco investimento de capital (muitas nem dinheiro exigem), são voltadas para a resolução de problemas diários reais, criadas por meio de melhorias incrementais em produtos, serviços e processos e feitas com simplicidade. Penso que o investimento em inovação deveria ser proporcional à verba de marketing de uma empresa, receber a mesma importância.

Vou mostrar neste capítulo que inovar é algo acessível e absolutamente necessário a todos os empreendedores e suas equipes. Criei o conceito *innovation made simple* para mostrar a você o quanto a inovação deve ser simples e descomplicada no dia a dia.

Trago aqui alguns fundamentos do *innovation made simple*:

- Na posição de empreendedor, seja humilde. Por mais competente e preparado que você seja, aceite que não sabe tudo e não tem todas as respostas. Não caia no erro de que inovar e buscar soluções para tudo depende apenas de você. É do pensamento e do trabalho em grupo que nascem a maioria das inovações. Assim, atue em colaboração com sua equipe, fornecedores e clientes, e influencie o jeito de pensar de quem está ao seu redor ao ser criativo e buscar inovar, dando abertura para as pessoas próximas sugerirem ideias que levem à inovação.
- Torne um hábito rever todos os seus processos internos e externos pelo menos uma vez por ano: quais podem ser simplificados? Quais podem ser automatizados com o uso de tecnologias disponíveis, que sejam baratas, eficazes e de rápida implementação?
- Faça sessões de brainstorming frequentes com seu time duas vezes por mês: uma sessão deve ser focada na geração de novas ideias de produtos, serviços, ações de marketing e criação de canais de vendas; a outra deve ser voltada para pensarem na solução de problemas diários diversos em diferentes áreas da empresa – isso é o que eu chamo de trabalhar a inovação de ponta a ponta. Lembre que as melhores soluções podem estar justamente na cabeça de seus colaboradores, por estarem diretamente envolvidos com esses problemas.
- Crie o hábito de pedir feedbacks constantes aos seus clientes. Pergunte a eles o que pode ser melhorado em seus produtos e serviços; questione-os sobre o que pode ser melhorado na experiência deles como clientes de sua empresa; pergunte a eles sobre novas necessidades e desafios que estejam enfrentando (isso pode ser valioso para você desenvolver novas soluções). Destaco que o feedback de seus clientes é uma fonte muito preciosa para você inovar, porque assim você realiza mudanças em seus negócios sempre a partir do foco de seu cliente.
- Busque colaborar com outras empresas não concorrentes, que trabalhem o mesmo público-alvo e/ou públicos similares que você, para criarem em conjunto novas maneiras para se trabalhar o marketing e as vendas de suas soluções.
- Busque inspiração em outros segmentos de mercado que você considere dinâmicos e inovadores. Para isso, participe de feiras de negócios e observe como as empresas trabalham marketing, vendas, relacionamento com clientes etc. Eu participo com frequência de eventos de varejo e tecnologia.

- Faça parte de grupos de empreendedores, com membros atuantes em mercados distintos, e busque a sua colaboração para ajudarem você a pensar novas oportunidades de negócios e maneiras de otimizar a performance de sua empresa. E, claro, contribua você também com sugestões para a melhoria das empresas deles.
- Para saber se de fato está inovando, olhe o que a concorrência tem feito. Se você está trabalhando em algo já realizado pelos concorrentes, isso não é inovação.
- Foque na racionalização da gestão: sempre que for inovar, pense em escala, não no ganho individual. Sabe aqueles sachês de ketchup oferecidos nas lanchonetes? Individualmente, eles saem mais caro do que comprar o condimento em quantidade, mas, considerando que as perdas são menores com o uso deles, vale a pena.
- Pense todo mês em alguma "loucura" que possa ser implantada na sua empresa, em algo que todo mundo diz que é impossível de fazer.
- Nunca se sabote: se houver nem que seja uma pequena chance de viabilidade, teste a sua ideia.
- Mantenha-se em aprendizado constante, fazendo cursos, lendo livros, assistindo a vídeos, escutando podcasts, vendo filmes, visitando eventos culturais. Tudo isso contribui para potencializar sua criatividade e a geração de novas ideias.

Antes de partirmos para exemplos de inovações, quero destacar para você que inovar não é um algo a mais para o seu negócio, um *plus*, mas, sim, deve ser encarado como prioridade e necessidade básica para a sua empresa continuar existindo e prosperando no mercado. Com a rápida circulação de informações e dinamismo atual do mundo dos negócios, se você não promover mudanças em seus negócios de tempos em tempos, você e sua empresa ficarão obsoletos, serão superados pela concorrência, e suas receitas e seus lucros vão encolher ao longo do tempo até sua empresa falir.

Vou agora trazer exemplos de inovações do mundo real.

TENDÊNCIAS EM GESTÃO, NEGÓCIOS E EMPREENDEDORISMO QUE FIDELIZAM CLIENTES

A maioria dos corretores de imóveis aqui dos Estados Unidos fazem eventos com advogados de imigração e empresas de remessas de dinheiro de um país para o outro. Em vez disso, eu, minha sócia e nossa equipe fizemos o 1BRZ Talks, um dia inteiro de apresentações feitas por grandes especialistas sobre tendências de carreira, gestão, empreendedorismo e negócios, no qual apenas 5% do conteúdo tinha relação com o mercado imobiliário. Na ocasião, fomos elogiados pela iniciativa pela ONE Sotheby's International Realty, que destacou o fato de termos feito algo totalmente inédito no nosso segmento. O evento foi híbrido, com pessoas que participaram presencialmente e dezenas de milhares que o acompanharam ao vivo on-line. Como resultado positivo do conteúdo de alto valor agregado que oferecemos gratuitamente, aumentamos a fidelização de uma lista VIP de clientes, fomos procurados por um bom número de potenciais novos clientes interessados em nossos serviços e fortalecemos o nosso relacionamento com mais de uma dezena de parceiros de negócios.

O UNO QUE VIROU MOTORHOME

Um exemplo simples de como usar a criatividade e promover uma ação inovadora. Na minha empresa de motorhomes, convidamos um influenciador digital que fez de um Fiat Uno um motorhome para participar de um evento conosco. Na ocasião, ele fez um post trocando o seu Uno por um de nossos veículos. Ganhamos mil seguidores no Instagram e recebemos quinze pedidos de cotação de preço em um dia.

É importante destacar que as empresas menores têm menos barreiras à inovação, são menos burocráticas nesse sentido, afinal, não possuem tantos departamentos quanto as grandes. Para inovar, basta ser criativo, ter boas ideias.

Tire da sua cabeça a ideia de que a inovação se aplica apenas à tecnologia, ao marketing e à moda. Não crie um mindset limitante para você a respeito disso. Pelo contrário: fuja da zona de conforto que o leva a nem pensar em fazer as coisas de um jeito diferente daquele que você faz. Tire da sua cabeça o ditado que diz que "em time que está ganhando não se mexe".

Sem falar que os empreendedores têm a vantagem de poder errar, ajustar rápido e voltar atrás sem tanta dificuldade. Ou ainda testar ações diferentes aos poucos, de modo que a inovação seja viável financeiramente.

A CALÇA FLEECE

Certa vez, na Triton, o Tufi quis investir nas vendas de um modelo de calça muito confortável, que lembra um pouco um moletom, a fleece. Ele ficou um ano insistindo nisso, sem o retorno esperado.

Até que, na convenção da empresa, ele estava determinado a fazer as vendas deslancharem. Lembro até hoje das palavras dele: "Se vocês não vendem, eu vou vender".

@andreduek

Inovar é algo acessível e absolutamente necessário a todos os empreendedores e suas equipes.

Foi quando ele teve a ideia de chamar dez pessoas da plateia da convenção até o palco para testar a peça, para jogar bola vestindo a calça. Foi o pontapé para que todos os nossos vendedores usassem o produto, para que acreditassem nele e, com isso, o apresentassem aos clientes. Foi um sucesso.

Não faz muito tempo, fui almoçar em Miami e o garçom me ofereceu um filé à parmegiana acompanhado de arroz com banana. Estranhei a composição do prato e ele me disse que, se eu não gostasse, não precisaria pagar. Quer saber? Estava muito bom. Eu paguei pela refeição, claro, ajudando aquele funcionário a bater a sua meta de vender aquela novidade, o arroz com banana.

Além da inovação em produtos, a inovação pode ser em processos e pode ter custo zero. Basta olhar o processo e pensar o que pode ser melhorado ali.

Para você ter uma ideia, no controle de contas a pagar da Forum, eram colocadas sete folhas para cada cheque: duplicata, sua cópia, nota fiscal, controle da nota fiscal, canhoto da nota, autorização de pagamento e cópia do cheque. Trabalhamos desse modo por vinte anos.

Quando simplificamos o processo, ele passou a funcionar assim: eliminamos a quantidade de comprovantes e unificamos tudo em uma folha, na qual o gestor responsável assinava uma pré-autorização de pagamento. Além disso, digitalizamos toda a documentação suporte em um único arquivo, junto com a cópia do cheque. A minha mãe, que era a diretora de Controladoria da empresa e assinava todos os cheques e pagamentos da companhia, teve uma otimização de 80% de seu tempo de trabalho.

O empreendedor precisa incentivar isto na sua equipe: perguntar às pessoas o que elas acham que deve melhorar e por quê. Recomendo inclusive que você pague, que dê a quem teve a ideia o valor da economia de dinheiro com a mudança no primeiro mês de implantação da novidade. Deixe claro que inovar é bom e que todos sairão ganhando com isso.

Ao buscar fazer aquilo que ninguém mais faz, criamos um test drive gratuito na nossa empresa de motorhomes, sem o compromisso de o interessado ter de alugar o veículo. Além disso, relembro que os nossos clientes contam com um manual didático simples de como operar o veículo. Sem falar que ficamos à disposição pelo WhatsApp para tirar dúvidas e o nosso atendimento é bem ágil. Essas soluções foram criadas a partir de nossa observação atenta das necessidades dos clientes e de feedbacks constantes que pedimos a eles. Nossa empresa é muito bem avaliada nas redes sociais e recebemos indicações frequentes de nossa base de clientes, ou seja, já temos um boca a boca recorrente.

DUEK SUMMER EXPERIENCE

O mercado imobiliário aqui nos Estados Unidos é muito tradicional. Normalmente, nas chamadas *open houses* para a visitação de clientes, as casas são decoradas com bolas de encher e sempre há vinho, sucos e algum snack à disposição dos potenciais compradores.

No verão de 2016, disposto a mostrar dezessete propriedades para um grupo de setenta clientes, organizei o Duek Summer Experience. Fizemos um brunch em um apartamento e oferecemos um passeio de barco que ia parando nos píers dos condomínios. Ainda fizemos um tour pela região em carros de luxo. No final, foi servida uma feijoada na minha casa, pois a ideia era criar um vínculo mais íntimo com as pessoas. Com a iniciativa, vendemos dois imóveis e atraímos muitos clientes. Você gostou da ideia? Pensei no passeio porque, em pleno verão, a concorrência com um sábado de sol seria desleal. Foi uma iniciativa simples, eficaz e que cativou a clientela.

Tenho uma agenda de reuniões de brainstorming com a minha equipe que ocorre toda segunda-feira, em um encontro virtual que dura uma hora. Às vezes, não sai nenhuma ideia boa e tudo bem. Escolhi a segunda-feira como melhor dia para isso porque está todo mundo com a cabeça descansada do final de semana. Cada um pega a sua caneca de café e fica à vontade para falar sobre o que quiser. Ambientes formais não são criativos, lembre-se disso.

PAZ DE ESPÍRITO

Para agir com criatividade e independência, como recomendei há pouco, é preciso estar bem, ter paz de espírito. Quem está enfrentando algum problema não vai conseguir criar. Digo isso por mim mesmo, que não consegui ser criativo quando a minha mãe estava doente. Assim, dentro das suas possibilidades, cuide do seu bem-estar, da sua mente e do seu corpo.

Não dê ouvidos a quem não tem um mindset de crescimento, de potência empreendedora. Acredite que você nasceu para prosperar e nada vai fazê-lo parar. Para ajudar você a chegar lá, inclua a inovação na sua lista de coisas a fazer. Se não a priorizar, como já disse, você ficará sem clientes no futuro.

Tenha como meta achar o que ninguém mais consegue achar e fazer isso acontecer. Fico feliz quando as pessoas me dizem coisas como "você sempre arruma tempo para fazer coisas diferentes" ou "sempre esperamos de você coisas diferentes".

MEU JEITO DE INOVAR

Para terminarmos o capítulo, vou lhe contar um pouco mais sobre o meu jeito de inovar. Na prática, busco novas ideias de projetos e seleciono aquelas que estejam alinhadas a um dos meus sonhos grandes de longo prazo. Depois, pesquiso cada uma dessas ideias escolhidas no Google para ver se elas realmente são inovadoras.

Em seguida, penso o que preciso fazer para transformar cada ideia em um planejamento para viabilizá-la em algo concreto e vou atrás de fontes alternativas de informação, ou seja, pesquiso o que preciso fazer para materializar o meu sonho.

O próximo passo é desenhar o projeto usando um sistema de inteligência artificial, um programa no qual crio trinta versões diferentes do mesmo projeto até chegar a uma versão final.

Seja como for, dentro do seu estilo e do seu modo de ser, busque a inovação. Você não precisa ser um gênio para inovar: faça o simples. E lembre-se: uma série de pequenas inovações tem mais impacto do que uma grande inovação.

Para ajudar você a fazer a diferença e entregar mais que o seu melhor, no próximo capítulo vamos abordar como é possível ser mais produtivo no dia a dia.

@andreduek

Uma série
de pequenas
inovações tem
mais impacto do
que uma grande
inovação.

CAPÍTULO 21

Para você ser mais produtivo no dia a dia

Entendo a produtividade como a gestão do tempo e a capacidade de alavancar seus negócios de maneira inteligente. Não existe essa história de dar tempo para fazer isso ou aquilo. O que existe é você criar espaço na sua agenda para os projetos que são prioritários para a evolução de seus negócios.

Entendo o tempo de execução e os resultados alcançados como uma medida de produtividade. Vejamos: é mais interessante vender dois imóveis de 2 milhões de dólares cada um em seis meses ou dez imóveis de 500 mil dólares em dois meses?

Prefiro fazer quatro reuniões de uma hora de duração cada do que uma única reunião de quatro horas. Por falar em reuniões, se mal planejadas e malconduzidas, elas podem ser uma grande fonte de desperdício de tempo. Antes de qualquer reunião, defino com os envolvidos as decisões a serem tomadas, os objetivos a serem alcançados no encontro e circulo uma pauta com todos os pontos a serem tratados. Economizamos tempo e saímos de praticamente todos os eventos com as metas alcançadas e decisões importantes tomadas. Sempre penso que se o Zoom coloca um limite de quarenta minutos, certamente há uma mensagem que é: esse tempo é mais do que suficiente para sermos produtivos em nossas reuniões e resolvermos o que precisa ser resolvido.

A seguir, compartilho com você alguns pontos a respeito de como me organizo para ser mais produtivo. Use-os como inspiração para você definir o seu próprio método de organização.

- ■ Agendo seis compromissos por dia. Assim, meu cérebro já vai preparado para ser objetivo. Já chego dizendo que o dia será longo e que precisamos otimizar o tempo de todos.

- Invisto em planejamento. Isso inclui organizar a agenda conforme as distâncias, limitando os quilômetros a serem percorridos. Peço aos clientes e parceiros de negócios para nos encontrarmos em um local no meio do caminho, para que fique mais confortável para todos. Todo mundo concorda, é um exercício de racionalidade.
- Cuido para que não falte uma pauta para os meus compromissos. Se o cliente quer falar sobre motorhomes, por exemplo, pergunto antes qual o objetivo específico dele. Explico que procuro saber tudo antes para otimizar o nosso tempo e poder melhor atendê-lo. Isso não é ser indelicado, é ser organizado.
- Evito fazer reuniões que durem mais do que uma hora.
- Defino prioridades diárias, semanais e mensais. E cuido para que não me faltem foco, objetivos semanais e mensais e micrometas diárias.
- Consigo estabelecer essas prioridades simplesmente fazendo uma lista do que preciso fazer. Levo em conta o que faz parte da minha estratégia como empreendedor. Uma das minhas maiores prioridades, por exemplo, é estar disponível para os meus clientes sempre que eles precisarem de mim.
- Ser prolixo é um erro, uma trava para a produtividade de todos nós. Observo que as pessoas têm muita dificuldade nesse ponto. Elas temem ser objetivas e parecerem mal-educadas. Procure falar com clareza e vá direto ao ponto nos assuntos de negócios.
- Fico atento à centralização, que muitas vezes está ligada ao ego mesmo. Eu avalio constantemente o que realmente preciso fazer e delego todo o resto.
- Lembre-se: profissionais sem treinamento na sua equipe podem atrapalhar a sua produtividade. Não adianta contratar e não treinar.
- Esse ponto é tão relevante que vou repetir: meço a minha performance com base em resultados obtidos. Se não fizer isso, não vou saber como estou trabalhando e como posso melhorar.
- Sei quanto custa a minha hora de trabalho. Nem todo mundo tem essa informação, acredite.
- Tomo cuidado para evitar obter resultados rápidos que comprometam o todo. Exemplo: um garçom que serve as mesas rapidamente para atender mais gente, mas de modo descuidado. Já sabemos o que vai acontecer, certo?
- Elaboro rankings baseados em indicadores de performance para todos os meus colaboradores. Isso faz com que todos se envolvam e trabalhem mais, além de evitar sinais de inveja no time. Os rankings podem se basear, por exemplo, em um indicador de conversão de vendas, ou seja, clientes atendidos versus a quantidade de vendas fechadas. Esse índice representa a performance absoluta de cada um.

- **Tenha uma equipe com a mesma média de produtividade.** A diferença entre o colaborador com o melhor desempenho e aquele com o pior não deve ser de mais de 30%.

MINHA ROTINA

Na minha rotina diária, comprometo 70% do meu tempo e deixo 30% livres. Costumo acordar às 6h50 e começo a trabalhar às 8h, indo até as 20h. Após esse horário, tenho o meu tempo de pesquisa, de ver conteúdos que me interessam no YouTube.

Nas brechas dos meus compromissos, acesso as redes sociais para interagir com clientes, parceiros e para aprender sobre algum tema que defini com antecedência.

Aos domingos, não trabalho fisicamente, presencialmente, digamos assim, mas fico à disposição pelo telefone.

Estabeleço os meus projetos por mês, considerando inclusive alta e baixa temporada. Tenho um planejamento do ano, do mês, da semana, do dia.

Para dar conta do meu planejamento, sou muito disciplinado com as minhas atividades programadas. Só não realizo se estiver doente mesmo. Além disso, na prática, me distraio pouco. Acredito que a minha mente tenha sido condicionada para um ultrafoco graças ao automobilismo: ninguém pilota um carro e dá tchauzinho ao mesmo tempo.

Reflita comigo sobre este ponto: se você tem cinco reuniões por dia e em cada uma delas há uma distração de dez minutos, você terá perdido cinquenta minutos do seu tempo. Não é muito para você? Lembre-se: juntas, pequenas ações em nome da produtividade representam uma otimização significativa da sua agenda.

Como sei aonde desejo chegar no longo prazo, tenho facilidade em aceitar que um incidente no meio do caminho não vai afetar o todo. Imprevistos acontecem e temos de ter flexibilidade para reorganizar a agenda.

Outra prática importante: não conto com a ajuda dos outros, com a sorte, com fatores externos. Mantenho a disciplina fazendo a minha lição de casa. Tenho sempre como norte os meus objetivos e vou me adaptando, quando necessário.

Também gosto de separar as minhas atividades por blocos de tempo. Exemplo: reservar uma tarde de funções criativas; uma hora para fazer follow-ups com clientes. E assim por diante.

Se você anda procrastinando, se arrastando para dar conta de suas atividades, procure um psicólogo ou um psiquiatra para ver as causas disso. Pode ser que você tenha alguma condição que precise de acompanhamento especial.

BRASILEIROS *VERSUS* AMERICANOS

Sendo brasileiro e morando nos Estados Unidos, fico atento às diferenças de comportamento em relação à produtividade. O americano, de modo geral, é seco e muito pragmático, objetivo, enquanto o brasileiro é prolixo, mas investe tempo nos relacionamentos, o que é bastante positivo.

O brasileiro é famoso por não ser pontual em seus compromissos e não ter uma gestão do tempo tão eficaz nas relações de negócios. Isso porque não valoriza adequadamente o seu tempo e o das outras pessoas. Não dá para tolerar atrasos, nem que sejam poucos minutos. Assim, seja disciplinado nos seus horários e honre os prazos combinados.

O americano é pontual, quase sempre chegando antes dos encontros. Ele dá bastante valor ao seu tempo e ao dos outros. Chega a ser obsessivo com o cumprimento de prazos.

Se você seguir um mix das duas culturas terá uma vantagem competitiva enorme. Pegue o melhor de cada uma e siga em frente. No fim das contas, você será mais produtivo do que o brasileiro e o americano.

No próximo capítulo, vamos falar sobre os fundamentos da ótima execução.

@andreduek

Juntas, pequenas ações em nome da produtividade representam uma otimização significativa da sua agenda.

CAPÍTULO 22

Os fundamentos da ótima execução

Execução, para mim, é simplesmente olhar para o planejamento e fazer o que está escrito lá. Não entendo as pessoas investirem tanto tempo planejando os próximos passos e fazerem tudo sem critério, de qualquer jeito. Se você levou seis meses definindo os melhores passos e práticas para fazer acontecer determinada meta, não pode desanimar, esmorecer e desistir um mês ou dois após o início da execução, assim que as primeiras dificuldades surgirem.

É importante pensar que não existe execução sem erros, obstáculos, problemas: nunca sabemos se vem uma grande onda pela frente. Por isso, é preciso ter consciência de que todos estão no mesmo barco, trabalhando pela mesma causa. Precisamos manter o foco no objetivo a ser conquistado e ter a flexibilidade necessária para nos adaptar frente às tormentas. Assim, caso entre um urubu na hélice do helicóptero, o que deve ser feito? É essencial pensar, junto com seus sócios e seu time, maneiras de lidar com aquilo que vier. Nesse ponto, reforço ainda que nenhuma área da empresa pode se omitir, dizer que fez a sua parte e pronto.

Um exemplo do que eu estou dizendo: se faço uma promoção incrível na minha empresa de motorhomes e, com isso, há overbooking nas locações, o marketing e a tecnologia não podem fugir de suas responsabilidades. Ninguém pode lavar as mãos: é preciso aprender a dividir responsabilidades, para o bem e para o mal.

O mesmo com uma empresa que reduz muito os seus preços e uma fila enorme se forma na porta, o que vai ser alvo de reclamações dos clientes. O mais comum é que, rapidamente, se identifique um culpado pelo caos. Não é assim que deve ser. E mais: não podemos perder o foco no qualitativo ao buscar o quantitativo.

TENHA UMA CULTURA DE INDICADORES

Vejo vários empreendedores trabalhando a execução com suas equipes sem definirem indicadores claros para medir a evolução dos resultados. Digo que quem não mede o andamento de seus projetos não está fazendo gestão, mas, sim, conduzindo uma empresa e um time de maneira caótica. É como estar dirigindo um carro com os olhos vendados. A chance de a execução falhar e da meta fixada não ser realizada são quase certas.

A seguir, compartilho com você os principais indicadores que observo nas minhas empresas com o objetivo de garantir uma boa execução daquilo que planejamos. São eles:

- Resultado mensal de vendas. Acompanho e fico no pé da minha equipe. Como motivar o time a vender mais? Não conheço ferramenta melhor do que mostrar como se faz. Eu mesmo pego o telefone e ligo para os clientes na frente de todo mundo. Assim, quando perceber que os seus colaboradores estão patinando, vá lá e faça, dê o exemplo.
- Fique de olho nos custos. É preciso estar muito atento a esse ponto. Não faz muito tempo, recebi um orçamento de 9 mil dólares para um serviço de catering para um evento de dezoito pessoas. No final, fechei por 2,6 mil dólares. Como? Contratando uma brasileira que mora em Orlando e topou fazer um preço justo em troca da divulgação de seu trabalho. Além do mais, ninguém precisa servir caviar para ter um evento de sucesso.
- Acompanhe o branding. Lembre-se sempre da importância da percepção da sua imagem pelas pessoas. Certa vez, o dono da One Sotheby's ofereceu, gratuitamente, um de seus espaços para a realização de um evento. Isso por ter a percepção de que eu, minha sócia e nosso time somos mentores e educadores, já que somos responsáveis por iniciativas como o 1BRZ Talks, focado em apresentações e debates com empreendedores e líderes de negócios. Nesse sentido, sempre tenho muitos projetos nessa linha além dos meus negócios em si. Vou vender mais por conta disso? Não necessariamente, mas sei que isso será bom para a nossa imagem. Lembre-se de que o que é intangível pode gerar uma percepção muito positiva: várias oportunidades podem surgir a partir da credibilidade e reputação sentidas pelas pessoas em relação a você e seu time. E digo mais: mesmo que os seus projetos paralelos "não deem certo" em termos de faturamento, as pessoas ficarão com a ideia de que você é criativo e está sempre envolvido com projetos de alto valor agregado.

@andreduek

Quando perceber
que os seus
colaboradores
estão patinando,
vá lá e faça,
dê o exemplo.

- Preste atenção aos números. Gosto de acompanhar de perto o chamado tempo produtivo nas minhas empresas. Isso com foco na qualidade e na quantidade. O objetivo é que possamos trabalhar mais e melhor. Em alguns cursos que fiz nos últimos anos, aprendi que em torno de 1% dos corretores de imóveis respondem por 30% das vendas nos Estados Unidos. Entre esse grupo, o mais produtivo do setor, a média de tempo de trabalho dos profissionais mais destacados é de sessenta e cinco horas por semana. É como o ex-jogador de basquete Oscar Schmidt, que nunca gostou de ser chamado de "Mão Santa". Isso porque o seu excelente desempenho nas quadras não estava ligado a qualquer intervenção divina, mas ao tanto que ele treinava, à sua dedicação extrema ao basquete.
- Cuide da sua saúde mental. De nada adianta colocar para si mesmo e para o seu time uma meta irreal. Depois, ninguém vai aguentar a pressão. Além disso, é importante trabalhar com pessoas honestas, nas quais se possa confiar. Já abri mão, por exemplo, de um cliente mentiroso, que jogava um colaborador nosso contra o outro.
- Faça bem-feito. Não gosto da ideia de que "feito é melhor do que perfeito". Na minha avaliação, ninguém deve se condicionar a fazer as coisas de qualquer jeito. Pelo contrário: entregar aquele detalhe que ninguém mais entrega é uma vantagem competitiva que faz toda a diferença. Nas minhas empresas, somos tão cuidadosos com isso que os meus clientes de motorhomes, quando precisam ligar para tirar alguma dúvida sobre o uso dos veículos, com frequência dizem ter vergonha de entrar em contato, de tão claro e detalhado que é o nosso material explicativo. Temos manual, vídeos e suporte pelo WhatsApp. Nós realmente prestamos um serviço impecável, detalhista. Na Forum, também era assim. O Tufi não abria mão, por exemplo, de que, nos botões das calças, os nomes ficassem sempre alinhados. Será que ele vendia mais calças por isso? Não sei, mas tenho certeza de que a percepção da qualidade dos produtos passa a ser outra a partir de cuidados assim.

LONGE DA ZONA DE CONFORTO

Acredito que é possível, sim, tocar vários projetos ao mesmo tempo. Mas isso desde que você tenha equipe e sócios para ajudá-lo a fazer acontecer. Se você ficar no modelo de atuação de escolher um projeto por vez, executar e só depois ir para o próximo, não vai conseguir sair da média dos empreendedores.

E digo mais: para uma execução de excelência, é fundamental ter autoconfiança, organização (estabelecer processos e métodos para que o seu planejamento seja bem implementado) e fazer follow-up.

Para isso, assuma você a parte chata do processo. As pessoas só querem ter boas sensações e prazer no trabalho. A parte não tão agradável assim precisa ser feita pelo dono do projeto, principalmente quando o negócio está no início, até para que as pessoas de sua equipe aprendam como fazer e tenham o seu exemplo de espelho. No primeiro curso de formação para corretores de alta performance que ofereci, eu mesmo fiz o follow-up com os alunos, negociei o preço do catering, produzi todo o conteúdo. Foi um investimento de tempo, mas valeu a pena para o nosso time ver a estruturação do início ao fim. Nas próximas edições, nossos colaboradores já tocaram grande parte do projeto.

Quando a primeira edição do 1BRZ Talks foi realizada, em julho de 2022, fui elogiado pelo Daniel de La Vega, CEO e presidente da ONE Sotheby's International Realty. Ele, que é americano e acompanhou o evento on-line, não entendeu nada, já que o conteúdo foi todo em português, mas adorou a nossa iniciativa de compartilhar conhecimento de alta relevância e valor sobre carreira, empreendedorismo, gestão e negócios para milhares de pessoas. Fiquei orgulhoso e guardei o aprendizado que aquele projeto trouxe. Além disso, tenho o cuidado de sempre pedir feedbacks, retornos sobre tudo o que faço; e isso até quando não fecham comigo. Quero entender o que houve para melhorar, para não perder novamente na próxima oportunidade.

COMPARE-SE COM VOCÊ MESMO

Aqui vai outra dica importante: se você também é dessas pessoas que querem melhorar sempre, não se compare com ninguém, apenas com si mesmo. Nunca acredite no que as pessoas acham que são as suas capacidades, apenas se pergunte aonde você quer chegar e vá medindo se os seus resultados foram melhores do que no ano passado, no semestre anterior, no último trimestre e mês.

Além disso, é fundamental que você busque estar sempre em evolução. Até porque é isso o que acontece no mercado: uma parte de seus concorrentes sempre vai estar fazendo alguma coisa diferente. Melhor ficar atento.

Tenho orgulho de observar que evoluí, em 2022, mais do que avancei nos últimos dez anos. Ouço muito dos clientes, parceiros, amigos e conhecidos, que eu digo coisas que eles nunca ouviram antes. Embora tenha falado já para mais de uma centena de pessoas, penso grande e consigo perfeitamente me ver em um palco ministrando uma palestra para 5 mil pessoas, por exemplo. Não coloco limites para onde posso chegar.

Sonho em dar uma palestra na Universidade de Harvard, aqui nos Estados Unidos, e já estou me mexendo nesse sentido. Não vou ficar parado esperando alguém, um dia, me convidar.

As personalidades que admiro pensam da mesma maneira. Corretor com mais vendas na Flórida, Chad Carroll passou de 80 milhões de dólares em imóveis vendidos em 2014 para 850 milhões em 2021. Não à toa, fez sucesso com o programa televisivo *Million Dollar Listing Miami*. Na minha avaliação, Carroll foi para a TV porque estava pronto, não colocou limites para os seus sonhos, e ele e seu time trabalham muito bem a execução.

Por isso, digo sem medo de errar: trabalhe com aquilo de que você gosta e esteja pronto para quando o telefone tocar.

Sei que estou fazendo a minha parte. Vejo um potencial enorme para o 1BRZ Group se tornar o maior grupo de corretores brasileiros do mundo. Disse isso aos executivos da ONE Sotheby's International Realty quando fomos convidados a fazer parte da estrutura deles no ano de 2020, destacando que estava dando a eles a oportunidade de unirem-se a um negócio promissor como o nosso. Na época, ouvi de concorrentes que vender 200 milhões de dólares por ano em imóveis era muito. No ano de 2022, atingimos quase 150 milhões. Pois a nossa meta é chegar a 1 bilhão de dólares em vendas até 2030. Assim como eu, não coloque limites para onde a execução pode levar você.

Vamos em frente, no próximo capítulo vou falar sobre como você pode evitar que conflitos escalem para ações judiciais.

@andreduek

É fundamental
que você busque
estar sempre
em evolução.

CAPÍTULO 23

Para evitar processos judiciais

Observo muita gente gastando uma energia desnecessária com brigas, com conflitos corriqueiros que, por falta de jogo de cintura, de habilidade por parte dos empreendedores e gestores, vão parar na Justiça. Na minha avaliação, isso tem a ver com a conduta de parte dos líderes que gostam de brigar e, por uma questão de ego e poder, querem sempre "ficar por cima", estar com a razão. Isso dá margem a uma verdadeira cultura de ações judiciais.

Garanto que é muito mais fácil enfrentar os dilemas do dia a dia sabendo conversar e negociar. A partir da minha experiência como executivo e empreendedor, aprendi que, muitas vezes, as pessoas só querem ter a chance de falar e de ouvir um pedido de desculpas.

Quando assumi a diretoria administrativo-financeira da Forum, havia 200 processos judiciais acumulados nas mãos dos nossos advogados. Não só resolvemos rapidamente esses processos, na maioria dos casos por meio de acordos, como nos cinco anos seguintes só tivemos uma nova ação.

O que eu fiz para reduzir o número de conflitos que iam parar na Justiça? Em primeiro lugar, trabalhei para mudar a cultura em vigor na empresa nesse sentido. Comecei reduzindo de treze para três o número de advogados no nosso Jurídico. Estava decidido que ninguém mais ia ficar brigando, não era mais necessário ter o suporte de tantos profissionais da área. A orientação passou a ser encaminhar qualquer questão, qualquer colaborador com problema, para a minha sala.

Certo dia, um porteiro comentou comigo que um determinado colaborador estava insatisfeito com a empresa e queria ir embora. Logo depois, pedi que ele viesse até minha sala. A reclamação era de que a sala em que ele trabalhava era muito quente. Perguntei se o problema estaria resolvido com a compra de um ar-condicionado e ele disse que sim. Pedi que ele indicasse o melhor modelo e adquirimos exatamente o que ele pediu. O retorno foi muito positivo, e aquele colaborador ficou feliz por ter sido ouvido.

MUITA CONVERSA

Assim como ocorreu nesse episódio, acredito que 90% dos conflitos podem ser resolvidos com pouco dinheiro e muita conversa. Por que nem todo mundo presta atenção a isso? Porque agir assim demanda tempo, disposição e humildade.

Para resolver problemas com horas extras, montamos um banco de horas na Forum que contemplava até as horas negativas. Se a semana de trabalho estivesse parada ou quase sem atividades, o colaborador podia ficar três dias em casa se quisesse. As horas negativas seriam equilibradas quando a pessoa trabalhasse a mais, sem problemas.

Se um colaborador chegava a quarenta horas de banco, deveria ir para a sua casa descansar. O gestor que desse conta de organizar a equipe e o trabalho nesse sentido.

Outra ação importante foi começar a premiar os bons funcionários, aqueles que nos ajudavam a identificar quem não jogava limpo.

Na hora de negociar a renovação dos contratos das nossas lojas nos shoppings, sempre havia problemas, conflitos que iam parar na Justiça. Tudo mudou quando eu fui pessoalmente negociar com donos desses empreendimentos. Ainda aproveitava para fazer as minhas observações, para falar da iluminação ruim da loja ao lado da nossa e do quiosque instalado bem na nossa frente.

BOAS PRÁTICAS DE RELACIONAMENTO

A seguir, compartilho com você boas práticas de relacionamento para usar com os seus colaboradores, de modo a evitar que entrem na Justiça contra a sua empresa:

- Implante um sistema de avaliação mensal de desempenho com variáveis qualitativas e quantitativas. Fizemos isso na Forum, e muitas pessoas que poderiam vir a ser demitidas pediam demissão antes e ainda se desculpavam conosco. E mais: em caso de processos, teríamos todo o histórico de trabalho da pessoa registrado.
- Esteja aberto a conversar. Não tenha medo de falar sobre os problemas, incluindo questões subjetivas. Muitas vezes, as pessoas precisam desabafar sobre problemas pessoais e/ou sensações que elas têm sobre outras pessoas da empresa.

- Dê às pessoas a chance de falar, todo mundo quer ser ouvido.
- Tenha um plano de carreira na sua empresa, o que vai acabar com a subjetividade nas promoções. O alinhamento das expectativas nesse ponto reduz 80% dos problemas.
- Não deixe ninguém sem ser ouvido. E saiba voltar atrás se for preciso, é melhor do que deixar que os conflitos cresçam. Eu me lembro de uma ocasião em que um vendedor de uma das lojas da Triton, localizada em um shopping, reclamou dizendo que a supervisão de varejo dava mais atenção para a equipe das lojas da Forum. Averiguamos e vimos que ele tinha razão. E passamos a equilibrar a importância entre as equipes dessas duas marcas.

Entenda que você vai conviver com funcionários de diferentes perfis. Comece sabendo quais são os seus pontos fortes e fracos para saber como agir, como lidar com isso da melhor maneira.

Me desenvolvi muito nos últimos anos, já fui duro e seco, mas fui aprendendo a ser mais leve, principalmente quando fui convidado a assumir o comando da Forum.

Peça feedbacks a seu respeito aos colaboradores, pergunte como você pode melhorar. Use as opiniões que eles têm sobre você para desenvolver suas habilidades de liderança e para se relacionar com eles com mais qualidade.

OS MAIS EMOCIONAIS

Na hora de lidar com pessoas mais emotivas e sensíveis, por exemplo, você pode e deve dar mais atenção a elas, estando mais próximo. Converse quando algum projeto der errado, acompanhe. Já cheguei a acompanhar colaboradores em reuniões nas quais nem precisaria estar, só para dar apoio moral.

Enfim, tudo é diálogo, o que também vale para os clientes, claro. Já fiquei uma hora ao telefone com uma pessoa que até pensava em romper um contrato conosco. Ao final da ligação, ouvi: "Era exatamente disso que eu precisava, de uma boa conversa com você".

Na prática, garanto, uma boa conversa dá conta de muita coisa. Seja humilde, esteja disponível e confie na sua habilidade de ouvir e de falar.

CONCLUSÃO

Aqui chegamos ao fim da primeira etapa da nossa jornada juntos. Digo primeira etapa porque quero ver você colocando tudo em prática e revisando sempre os conteúdos apresentados.

O mindset de potência empreendedora somado à consistência do seu trabalho e à autoconfiança podem levar você longe.

É muito triste que, no Brasil, a autoconfiança ainda seja vista como prepotência por muita gente. Acredite em você, trabalhe com toda a dedicação, entregue mais do que os outros entregam. Como percebeu, sugiro que você seja objetivo e ágil ao definir sua estratégia, aplique uma tática eficiente e conduza a operação de maneira simples, disciplinada e enxuta (em termos de investimento de dinheiro).

Lembre-se de tudo o que você leu aqui, não se acomode e foque a maior parte de seu tempo na ação: 25% dele deve ser para pensar e trabalhar a estratégia; 25% para investir na sua qualificação e treinamento; e 50% direcionado para o tático-operacional, ou seja, para fazer acontecer todos os seus projetos de negócios.

Mantenha sempre a sensação de que está ultrapassado, de que neste exato momento há alguém fazendo alguma coisa melhor e diferente de você, que está na sua frente. Esse é um jeito de se manter em movimento e inovando, com a zona de conforto distante de você e de seu time.

Estude, prepare-se, pesquise o mercado, esteja aberto às oportunidades. Melhor ainda: acabe com o "acho que sim" do seu vocabulário. Fique com o "com certeza", ele é muito melhor.

Todos os conceitos, princípios, as maneiras de pensar e agir e práticas que apresentei e expliquei aqui para você formam o meu método, que chamo de **ETO**, acrônimo para que seja mais fácil de você lembrar os pontos fundamentais: "**E**stratégia ágil, **T**ática eficiente e **O**peração simplificada".

Que ele possa impulsionar você para novos patamares de sucesso na sua vida profissional, assim como tem feito comigo.

COLOCANDO EM PRÁTICA

Recomendo que você tenha como desafio colocar em prática, na sua empresa, os conhecimentos de um capítulo a cada duas semanas. Para isso, você vai precisar estudar bem os conteúdos, reler todos os 23 capítulos que aqui estão.

Obrigado por ter investido o seu dinheiro e tempo em ler este livro. Para mim, foi um grande prazer escrevê-lo. Desejo que a sua jornada seja de excelentes realizações e de alto impacto positivo neste mundo, com muita potência empreendedora!

Ah, e ficarei feliz em saber sua opinião sobre a leitura e como o conteúdo está contribuindo para sua carreira e seus negócios. Espero o seu comentário nas minhas redes sociais.

Grande abraço,

ANDRÉ DUEK

@andreduek

O mindset de potência empreendedora somado à consistência do seu trabalho e à autoconfiança podem levar você longe.

Esse livro foi impresso pela Gráfica Assahi em papel pólen bold 70g em setembro de 2023.